하루 한 문장, 100일
중국어 명언 필사집

류리 편저

시사중국어사

하루 한 문장, 100일
중국어 명언 필사집

초판인쇄	2025년 10월 1일
초판발행	2025년 10월 10일
편저	류리
편집	최미진, 연윤영, 주민경, 徐婕
펴낸이	엄태상
디자인	진지화
콘텐츠 제작	김선웅, 장형진
마케팅본부	이승욱, 노원준, 조성민, 이선민, 김동우
경영기획	조성근, 최성훈, 김로은, 최수진, 오희연
물류	정종진, 윤덕현, 신승진, 구윤주
펴낸곳	시사중국어사(시사북스)
주소	서울시 종로구 자하문로 300 시사빌딩
주문 및 문의	1588-1582
팩스	0502-989-9592
홈페이지	http://www.sisabooks.com
이메일	book_chinese@sisadream.com
등록일자	1988년 2월 12일
등록번호	제300 – 2014 – 89호

ISBN 979-11-5720-282-9 13720

* 이 책의 내용을 사전 허가 없이 전재하거나 복제할 경우 법적인 제재를 받게 됨을 알려 드립니다.
* 잘못된 책은 구입하신 서점에서 교환해 드립니다.
* 정가는 표지에 표시되어 있습니다.

들어가기

하루에도 수많은 정보가 스쳐 지나가는 요즘, 우리는 우연한 어느 한 문장에서 위로를 받기도 하고, 다짐을 얻기도 합니다.

제가 운영 중인 @류리의 공감중국어 인스타그램 계정에 꾸준히 올려왔던 명언 문장들이 있어요. 업로드 할 때마다 많은 분들이 공감해 주시고, '좋아요'를 눌러 주셨죠.

그 따뜻한 반응에 힘입어, 이번에는 단순한 위로를 넘어 직접 손으로 써 내려갈 수 있는 필사 도서로 출간하게 되었습니다.

'필사'는 단순히 베껴 쓰는 일이 아닙니다. 손으로 적으며 마음으로 되새길 수 있고, 그 시간 속에서 언어뿐만 아니라 삶의 태도도 함께 배워갈 수 있습니다.

하루에 한 문장씩 총 100 문장(100일 과정)으로 구성했습니다.

과학적으로 새로운 습관이 자리 잡기까지는 약 60일이 걸린다고 하기에, 100일은 변화와 성장을 경험하기에 충분한 시간이 된다고 봅니다.

책 속 문장은 다양한 주제 속에서 많은 분들의 공감을 얻었던 내용을 중심으로 골랐습니다. 또한 중국어 학습자분들을 위해, 자주 쓰이는 표현이나 공부에 도움이 될 만한 팁도 함께 정리해 두었습니다.

이 책이 여러분의 일상에 작은 위로와 힐링이 되기를 바랍니다.

그리고 공부를 이어가는 모든 분들께도 든든한 길잡이가 될 수 있기를 소망합니다!

2025년 10월 류리

구성 및 활용법

「하루 한 문장, 100일 중국어 명언 필사집」은 일곱 가지의 주제에 맞는 중국어 명언 100개를 손으로 직접 써 보면서 주옥 같은 중국어 명문장과 인생의 지혜를 동시에 익히는 중국어 필사 노트입니다. 구성 및 활용법을 소개합니다.

쓰면서 익히게 될 중국어 명문장입니다. 병음을 따라 읽고 해석을 보며 뜻을 음미해 보세요.

중국어 명문장을 이해했다면 직접 써 보세요. 따라 쓰고, 또 다시 스스로 써 볼 수 있어요. 밑줄이 있어서 기울어지지 않게 쓸 수 있어요.

필사하는 날짜를 적어요.

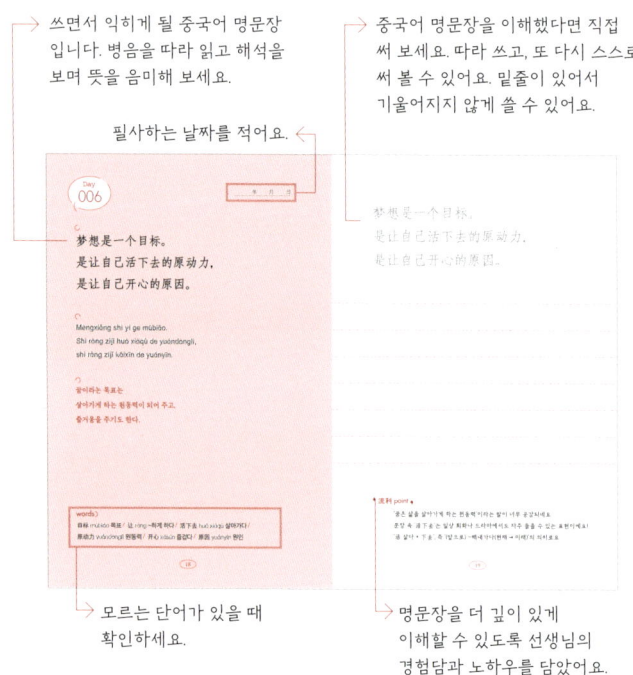

모르는 단어가 있을 때 확인하세요.

명문장을 더 깊이 있게 이해할 수 있도록 선생님의 경험담과 노하우를 담았어요.

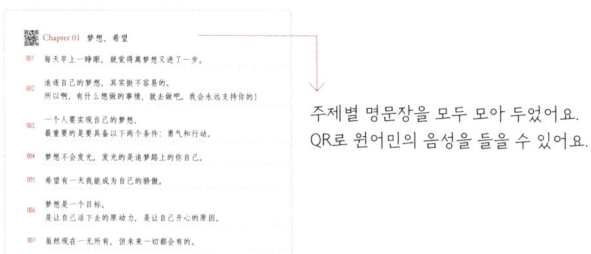

주제별 명문장을 모두 모아 두었어요.
QR로 원어민의 음성을 들을 수 있어요.

목차

Chapter 01 — 꿈, 희망을 듬뿍 주는 문장 — 문장 모음 — 07

Chapter 02 — 행복, 사랑이 샘솟는 문장 — 문장 모음 — 37

Chapter 03 — 자신, 자존감이 가득한 문장 — 문장 모음 — 69

Chapter 04 — 인생이 아름다워지는 문장 — 문장 모음 — 101

Chapter 05 — 노력, 학습이 절로 되는 문장 — 문장 모음 — 131

Chapter 06 — 용기를 채워주는 문장 — 문장 모음 — 161

Chapter 07 — 관계가 편안해지는 문장 — 문장 모음 — 191

Chapter 01

꿈, 희망

어려운 현실 속에서도 간절히 꿈과 희망을
찾고자 하는 요즘 사람들을 위한 희망의 글귀들

每天早上一睁眼,
就觉得离梦想又近了一步。

Měitiān zǎoshang yì zhēngyǎn,
jiù juéde lí mèngxiǎng yòu jìn le yí bù.

매일 아침에 눈을 뜨면
꿈에서 한 걸음 더 가까워진 느낌이 들어요.

words)

一 yī A 就 jiù B A하기만 하면 B하다 / 睁眼 zhēngyǎn 눈을 뜨다 /
梦想 mèngxiǎng 꿈

每天早上一睁眼，
就觉得离梦想又近了一步。

◆ 流利 point ◆

긍정적인 삶의 태도와 꿈을 향한 열정이 고스란히 담겨 있는, 가슴이 벅차오르는 희망적인 문구예요. '一 A 就 B'는 중국어 학습자라면 꼭 알아야 할 패턴으로, 'A하자마자 B하다(A하기만 하면 B하다)'는 뜻이에요.

예 一回家就睡觉。 집에 가자마자 잔다.

追逐自己的梦想，其实挺不容易的。
所以啊，有什么想做的事情，
就去做吧。我会永远支持你的！

Zhuīzhú zìjǐ de mèngxiǎng, qíshí tǐng bù róngyì de.
Suǒyǐ a, yǒu shénme xiǎng zuò de shìqing,
jiù qù zuò ba. Wǒ huì yǒngyuǎn zhīchí nǐ de!

자신의 꿈을 쫓는다는 거, 사실 쉽지 않지.
그러니까… 하고 싶은 게 있으면 그냥 해.
난 영원히 네 편이니까!

words

追逐 zhuīzhú 쫓다 / 其实 qíshí 사실 / 容易 róngyì 쉽다 /
永远 yǒngyuǎn 영원하다; 늘, 항상 / 支持 zhīchí 지지하다, 응원하다

追逐自己的梦想，其实挺不容易的。
所以啊，有什么想做的事情，
就去做吧。我会永远支持你的！

流利 point

'追梦人 zhuīmèngrén 꿈을 쫓는 사람'이라고 들어 보셨나요?
홍콩영화「천장지구天长地久 Tiāncháng dìjiǔ」 OST로 유명한 단어예요.

一个人要实现自己的梦想，
最重要的是要具备以下两个条件：
勇气和行动。

Yí ge rén yào shíxiàn zìjǐ de mèngxiǎng,
zuì zhòngyào de shì yào jùbèi yǐxià liǎng ge tiáojiàn:
yǒngqì hé xíngdòng.

누구든지 자신의 꿈을 실현시키고자 한다면
'용기'와 '행동' 이 두 가지 조건을 반드시 갖춰야 한다.

words)

实现 shíxiàn 실현하다 / 梦想 mèngxiǎng 꿈 / 具备 jùbèi 갖추다 / 条件 tiáojiàn 조건 /
勇气 yǒngqì 용기 / 行动 xíngdòng 행동

一个人要实现自己的梦想，
最重要的是要具备以下两个条件：
勇气和行动。

♦ 流利 point ♦

'꿈은 용기와 행동에서 비롯된다.' 정말 인상적인 말이라 준비했어요. '용기'는 꿈을 향한 첫발을 내딛고 어려움을 헤쳐 나갈 수 있는 내면의 힘을 제공하며, '행동'은 그 용기를 바탕으로 꿈을 현실로 만들어 가는 구체적인 실천을 의미해요. 이 두 가지가 조화를 이룰 때 비로소 여러분의 꿈도 활짝 피어날 수 있을 거라고 생각해요.

年　月　日

梦想不会发光，
发光的是追梦路上的你自己。

Mèngxiǎng búhuì fāguāng,
fāguāng de shì zhuīmèng lù shang de nǐ zìjǐ.

빛나는 건 꿈 자체가 아니라,
꿈을 쫓는 네 자신이다.

words
梦想 mèngxiǎng 꿈 / 发光 fāguāng 빛이 나다 / 追梦 zhuīmèng 꿈을 쫓다

梦想不会发光,
发光的是追梦路上的你自己。

♦ 流利 point ♦

'发光'은 '발광' 그대로 '빛을 밝히다'라는 뜻도 있지만, '눈에서 빛이 나다, 눈에 띄다'는 비유의 의미로도 써요. 좋아하는 사람을 만났을 때 '眼睛发光 yǎnjing fāguāng' 즉, 눈에서 빛이 난다고 말할 수 있겠지요.

希望有一天我能成为自己的骄傲。

Xīwàng yǒu yìtiān wǒ néng chéngwéi zìjǐ de jiāo'ào.

내가 나를 자랑스럽게 생각할 수 있는 날들이 오기를.

words⟩
希望 xīwàng 바라다, 희망하다 / 成为 chéngwéi ~가 되다 / 骄傲 jiāo'ào 자랑스럽다

希望有一天我能成为自己的骄傲。

♦ 流利 point ♦

'骄傲'는 '거만하다'는 뜻 외에 '자랑스럽다'는 뜻도 있어서
'为wéi A 骄傲jiāo'ào A를 자랑스러워하다'의 패턴으로 자주 써요.
예 我 为你骄傲。 난 네가 자랑스러워.

年　月　日

梦想是一个目标。
是让自己活下去的原动力，
是让自己开心的原因。

Mèngxiǎng shì yí ge mùbiāo.
Shì ràng zìjǐ huó xiàqù de yuándònglì,
shì ràng zìjǐ kāixīn de yuányīn.

꿈이라는 목표는
살아가게 하는 원동력이 되어 주고,
즐거움을 주기도 한다.

words
目标 mùbiāo 목표 / 让 ràng ~하게 하다 / 活下去 huó xiàqù 살아가다 /
原动力 yuándònglì 원동력 / 开心 kāixīn 즐겁다 / 原因 yuányīn 원인

梦想是一个目标。
是让自己活下去的原动力,
是让自己开心的原因。

● 流利 point ●

'꿈은 삶을 살아가게 하는 원동력'이라는 말이 너무 공감되네요.
문장 속 '活下去'는 일상 회화나 드라마에서도 자주 들을 수 있는 표현이에요!
'活 살다 + 下去', 즉 '(앞으로) ~해내가다(현재 ➜ 미래)'의 의미로요.

年　月　日

虽然现在一无所有,
但未来一切都会有的。

Suīrán xiànzài yìwú suǒyǒu,
dàn wèilái yíqiè dōu huì yǒu de.

비록 지금은 가진 것 하나 없지만,
모든 것을 다 가지게 될 날이 올 거예요.

words)
虽然suīrán A 但(是)dàn(shì) B 비록 A이지만 B하다 /
一无所有 yíwú suǒyǒu 아무 것도 없다 / 未来 wèilái 미래

虽然现在一无所有，
但未来一切都会有的。

● 流利 point ●

현재의 어려움이나 부족함에 굴하지 않고, 미래에 대한 확고한 믿음과 긍정적인 비전을 보여 주는 문구예요. 중국어 학습자라면 문장 속 단어 '숲 huì'는 꼭 체크해 주세요! '(배워서) ~할 줄 안다'는 뜻 외에 '~일/할 것이다'로 추측의 의미일 때 '会…的' 패턴으로 자주 씁니다.

예 会下雨的。 비가 올 거야.

年　月　日

以后进了社会，
每个人都会有自己的选择。
慢慢地就会走上不一样的道路。

Yǐhòu jìn le shèhuì,
měi ge rén dōu huì yǒu zìjǐ de xuǎnzé.
Mànmàn de jiù huì zǒushang bù yíyàng de dàolù.

나중에 사회에 나가게 되면
각자가 자기만의 선택이 있으니
천천히 다른 길로 가게 될 거야.

words

社会 shèhuì 사회 / 选择 xuǎnzé 선택 / 慢慢地 mànmàn de 천천히 /
道路 dàolù 길, 진로

以后进了社会,
每个人都会有自己的选择。
慢慢地就会走上不一样的道路。

● 流利 point ●

중국 드라마 대사 중 한 문장인데, 너무 좋아 재구성해 보았어요. 중국 드라마는 학교물에서 사회로 넘어가는 시점 흐름이 많아 알아 두면 유용할 거예요!

年　月　日

有意义的人生，
从问自己"我为何而活？"开始。

Yǒu yìyì de rénshēng,
cóng wèn zìjǐ "wǒ wèihé érhuó?" kāishǐ.

의미 있는 삶이란,
스스로에게 '나는 무엇을 위해 살아가는가?'라고 묻는 것에서 시작된다.

words)
意义 yìyì 의미 / 从 cóng ~로부터 / 问 wèn 묻다 /
为何而活 wèihé érhuó 무엇 때문에 살다 / 开始 kāishǐ 시작하다

有意义的人生,
从问自己"我为何而活?"开始。

♦ 流利 point ♦

자아성찰 정말 중요하죠! 자신을 깊이 이해하여 끊임없이 성장하며, 더 나은 삶을 만들어 가는 데 필수적인 과정이에요. 중국에서도 '自我反省 zìwǒ fǎnxǐng'이라는 말로 자주 언급돼요. 그리고 '为 A 而 B A를 위해 B하다(목적과 수단/결과를 표현)'는 글을 쓸 때에도 아주 유용한 구문이랍니다.

生活，需要追求；
梦想，需要坚持；
生命，需要珍惜。

Shēnghuó, xūyào zhuīqiú;
mèngxiǎng, xūyào jiānchí;
shēngmìng, xūyào zhēnxī.

살아가기 위해서는 꿈이 필요하고,
꿈을 이루기 위해서는 끈기가 필요하며,
주어진 생명을 소중히 여길 줄 알아야 한다.

words
追求 zhuīqiú 추구하다 / 坚持 jiānchí 고수하다, 견디다 / 珍惜 zhēnxī 소중히 여기다

生活，需要追求；
梦想，需要坚持；
生命，需要珍惜。

◆ 流利 point ◆

중국어 시험 HSK에서도 자주 보이는 단어 '坚持'!
'坚持下去 견뎌가다', '坚持下来 견뎌오다'는 실제로도 자주 쓰는 구문이에요.

年　月　日

我认为若踏实地活在当下,
或许会有美好的未来。

Wǒ rènwéi ruò tāshi de huózài dāngxià,
huòxǔ huì yǒu měihǎo de wèilái.

편안하게 현재를 살아가다 보면,
어쩌면 좋은 미래가 오지 않을까? 라고 생각해요.

words)

认为 rènwéi ~라고 여기다 / 若 ruò 만약 / 踏实 tāshi 편안하다 /
活在当下 huózài dāngxià 현재를 살아가다 / 或许 huòxǔ 어쩌면

我认为若踏实地活在当下，
或许会有美好的未来。

流利 point

'活在当下 huózài dāngxià 현재를 살아가다' 이 말은 중국인도 상당히 자주 쓰는 말이니 외워 두면 많은 도움이 될 거예요!

不要垂头丧气。
即使失去一切,
至少还有一个希望在等待着你。

Búyào chuítóu sàngqì.
Jíshǐ shīqù yíqiè,
zhìshǎo hái yǒu yí ge xīwàng zài děngdài zhe nǐ.

의기소침하지 마.
설령 모든 것을 잃었다 하더라도
한 가닥 희망이 널 기다리고 있으니.

words

不要 búyào ~하지 마 / 垂头丧气 chuítóu sàngqì 풀이 죽고 기가 죽다, 의기소침하다 /
即使 jíshǐ 설령 ~일지라도 / 失去 shīqù 잃다 / 一切 yíqiè 전부 /
希望 xīwàng 희망 / 等待 děngdài 기다리다

不要垂头丧气。
即使失去一切,
至少还有一个希望在等待着你。

• 流利 point •

정말 따뜻하고 강력한 위로이자 희망의 메시지를 주는 문장이지요.
'即使 A 也 B (설령) A일지라도 B하다'는 알아 두면 좋을 자주 쓰는 접속사예요!
예 即使下雨, 也要出门。 비가 올지라도 나가야 해.

梦是一种欲望,
想是一种行动。
梦想是梦与想的结晶。

Mèng shì yìzhǒng yùwàng,
xiǎng shì yìzhǒng xíngdòng.
Mèngxiǎng shì mèng yǔ xiǎng de jiéjīng.

꿈은 욕망이고, 생각은 행동이다.
진짜 꿈은 욕망과 생각이 만나 이루어낸 결정체다.

words
欲望 yùwàng 욕망 / 想 xiǎng 생각 / 行动 xíngdòng 행동 /
结晶 jiéjīng 결정, (비유) 진귀한 성과

梦是一种欲望，
想是一种行动。
梦想是梦与想的结晶。

• 流利 point •

'꿈'에는 잘 때 꾸는 꿈과 장래희망을 가리키는 꿈이 있죠. 다른 나라도 두 가지 꿈을 한 단어로 쓴다는 것 아셨나요? 중국어는 '梦', 일본어는 '유메(ゆめ)', 영어는 '드림(Dream)', 스페인어 '스웨노(sueūo)', 프랑스어 '레브(rêve)'라고 해요!

年　　月　　日

在任何时候，
希望都是一种支撑生命的安全力量。

Zài rènhé shíhou,
xīwàng dōu shì yìzhǒng zhīchēng shēngmìng de ānquán lìliàng.

희망은 언제나
생명을 지탱해 주는 든든한 힘이다.

words
任何 rènhé 어떠한 / 希望 xīwàng 희망 / 支撑 zhīchēng 버티다, 지탱하다 /
力量 lìliàng 힘

在任何时候，
希望都是一种支撑生命的安全力量。

♦ 流利 point ♦

"The miserable have no other medicine but only hope. 불행한 사람들에게 유일한 약은 희망뿐이다." 셰익스피어의 명언 중 하나인데요, 오늘의 중국어 문장은 이 명언을 기반으로 새롭게 만들어진 표현이에요.

Chapter 01 梦想，希望

001 每天早上一睁眼，就觉得离梦想又近了一步。

002 追逐自己的梦想，其实挺不容易的。
所以啊，有什么想做的事情，就去做吧。我会永远支持你的！

003 一个人要实现自己的梦想，
最重要的是要具备以下两个条件：勇气和行动。

004 梦想不会发光，发光的是追梦路上的你自己。

005 希望有一天我能成为自己的骄傲。

006 梦想是一个目标。
是让自己活下去的原动力，是让自己开心的原因。

007 虽然现在一无所有，但未来一切都会有的。

008 以后进了社会，每个人都会有自己的选择。
慢慢地就会走上不一样的道路。

009 有意义的人生，从问自己"我为何而活？"开始。

010 生活，需要追求；梦想，需要坚持；生命，需要珍惜。

011 我认为若踏实地活在当下，或许会有美好的未来。

012 不要垂头丧气。
即使失去一切，至少还有一个希望在等待着你。

013 梦是一种欲望，想是一种行动。梦想是梦与想的结晶。

014 在任何时候，希望都是一种支撑生命的安全力量。

Chapter 02

행복, 사랑

인생을 풍요롭고 의미 있게 해 주는
행복과 사랑에 관한 마음을 울리는 따뜻한 글귀들

我只想要铭记这瞬间,
我走过的光年。

Wǒ zhǐ xiǎngyào míngjì zhè shùnjiān,
wǒ zǒuguo de guāngnián.

지나온 찬란한 날들,
그 순간을 마음 깊이 새기고 싶다.

words)

想要 xiǎngyào 원하다 / 铭记 míngjì 마음에 깊이 새기다 / 瞬间 shùnjiān 순간 /
光年 guāngnián 광년; (비유) 찬란한 날들

我只想要铭记这瞬间,
我走过的光年。

• 流利 point •

청춘에 관한 글귀 중 마음에 들어 저장해 두었던 문구예요.
'光年'은 '찬란한 날들(해)'의 의미로 시간의 흐름을 감성적으로 말할 때 종종 써요!

年　　月　　日

笑口常开是好运的第一步。

Xiàokǒu chángkāi shì hǎoyùn de dì yī bù.

항상 웃는 얼굴로 지내는 것이 행운의 첫걸음이야.

words)
笑口常开 xiàokǒu chángkāi 항상 웃고 있다 / 好运 hǎoyùn 행운

笑口常开是好运的第一步。

• 流利 point •

웃는 얼굴이 복을 부른다고 하잖아요. '笑口常开'는 행운이나 긍정적인 분위기를 말할 때 쓰기 좋은 표현이에요!

年　月　日

幸福并不是依存于
你是什么人或拥有什么，
它只取决于你想的是什么。

Xìngfú bìng búshì yīcún yú
nǐ shì shénme rén huò yōngyǒu shénme,
tā zhǐ qǔjué yú nǐ xiǎng de shì shénme.

행복은 결코 당신이 어떤 사람인지 혹은
무엇을 가지고 있는지에 달려 있지 않고,
무엇을 생각하느냐에 달려 있다.

words)
依存于 yīcún yú ~에 의존하다 / 拥有 yōngyǒu 가지다 / 取决于 qǔjué yú ~에 달려 있다

幸福并不是依存于
你是什么人或拥有什么，
它只取决于你想的是什么。

● 流利 point ●

행복의 본질은 외부적인 조건이 아니라 우리 자신의 내면, 즉 '생각'에 있음을 명확히 일깨워 주는 문구예요.

'并不是 bìng búshì 결코 ~인 것은 아니다' 이 표현은 중국 드라마나 일상 생활에서 정말 자주 쓰이는 표현이에요!

人生苦短，及时行乐。
享受生活，享受快乐的时光。

Rénshēng kǔduǎn, jíshí xínglè.
Xiǎngshòu shēnghuó, xiǎngshòu kuàilè de shíguāng.

인생은 짧으니 이 순간을 즐기자.
행복한 삶을 누리고 행복한 순간들만 누리자.

words

人生 rénshēng 인생 / 苦短 kǔduǎn 아주 짧다 / 及时行乐 jíshí xínglè 시기를 즐기다 /
享受 xiǎngshòu 누리다 / 时光 shíguāng 시간, 시기

人生苦短，及时行乐。
享受生活，享受快乐的时光。

♦ 流利 point ♦

'人生苦短，及时行乐。' 즉 '카르페 디엠(Carpediem)'! 정말 유명한 말이지요.

小时候，幸福是很简单的事；
长大了，简单是幸福的事。

Xiǎoshíhou, xìngfú shì hěn jiǎndān de shì;
zhǎngdà le, jiǎndān shì xìngfú de shì.

어릴 때엔 사소한 것들로 행복해하지만,
어른이 되면 사소함이 곧 행복이 된다.

words)

小时候 xiǎoshíhou 어렸을 때 / 幸福 xìngfú 행복 / 简单 jiǎndān 간단하다 /
长大 zhǎngdà 자라다

小时候，幸福是很简单的事；
长大了，简单是幸福的事。

● 流利 point ●

사소함이 주는 행복, 나이를 먹으며 느끼게 되는 감정이 그대로 담겨 있는 좋은 문구지요!

健康是幸福人生所必备的条件之一。

Jiànkāng shì xìngfú rénshēng suǒ bìbèi de tiáojiàn zhī yī.

건강은 행복한 삶에 꼭 필요한 조건 중 하나다.

words⟩
健康 jiànkāng 건강 / 必备 bìbèi 필히 갖추다 / 条件 tiáojiàn 조건

健康是幸福人生所必备的条件之一。

◆ 流利 point ◆

예전에 중국 SNS에서 본 행복의 공식이 생각나요. '幸福(행복) = 健康(건강) + 财富(돈) + 关系(인간관계)'! 다들 공감하시나요? 저는 이중 최고는 바로 건강이 아닐까 생각합니다.

年 月 日

如果不快乐,
活再久又有什么用呢?

Rúguǒ bú kuàilè,
huó zài jiǔ yòu yǒu shénme yòng ne?

행복하지 않으면,
오래 살아봤자 무슨 의미가 있을까?

words)
如果 rúguǒ 만약에 / 快乐 kuàilè 즐겁다 / 活 huó 살다 / 久 jiǔ 오래

如果不快乐，
活再久又有什么用呢?

♦ 流利 point ♦

'人为什么要活着? 인간은 왜 사는 것일까?'라고 딥시크(중국 AI 서비스)에 질문해 보았더니, '活着不是为了寻找意义，而是去创造意义。의미를 찾으려 사는 게 아니라 의미를 만들고자 사는 게 아닐까요.'라고 대답하더라고요.

年　月　日

要是不开心的话，你可以说出来，
也许会好受一点儿。
不愿意说的话，也可以不用说。
我可以待在这儿陪你一会儿。

Yàoshi bù kāixīn dehuà, nǐ kěyǐ shuō chūlái,
yěxǔ huì hǎoshòu yìdiǎnr.
Bú yuànyì shuō dehuà, yě kěyǐ búyòng shuō.
Wǒ kěyǐ dāizài zhèr péi nǐ yíhuìr.

만약 힘든 일이 있으면 나한테 말해도 돼.
그럼 아마 기분도 좀 좋아질 거야.
말하고 싶지 않으면 말 안 해도 돼.
내가 여기 네 옆에 있어 줄게.

words
说出来 shuō chūlái 말을 꺼내다 / 也许 yěxǔ 어쩌면 / 待 dāi 머무르다 /
一会儿 yíhuìr 잠깐동안

要是不开心的话，你可以说出来，
也许会好受一点儿。
不愿意说的话，也可以不用说。
我可以待在这儿陪你一会儿。

♦ 流利 point ♦

유명한 중국 드라마 「偷偷藏不住 투투장부주」에 나오는 대사예요. 「투투장부주」는 청춘 로맨스 드라마로, 영상미가 훌륭하고 배우들의 케미스트리가 좋아서 보는 내내 설렘을 느낄 수 있는 작품인데, 정말 추천하는 드라마 중 하나이니 꼭 보시길 추천합니다!

在重复的生活里,
每一天都认真对待,
寻找每个美好的瞬间。

Zài chóngfù de shēnghuó li,
měi yìtiān dōu rènzhēn duìdài,
xúnzhǎo měi ge měihǎo de shùnjiān.

반복되는 생활 속에서
매일을 진심으로 대하며
아름다운 순간을 하나씩 찾아보세요.

words)
重复 chóngfù 반복하다 / 认真 rènzhēn 진지하다 / 对待 duìdài 대하다 /
寻找 xúnzhǎo 찾다 / 美好 měihǎo 아름답다

在重复的生活里,
每一天都认真对待,
寻找每个美好的瞬间。

● 流利 point ●

익숙함 속에서 새로운 의미와 가치를 발견하는 방법을 알려주는 참 따뜻한 문구이지요? 문장 속 '진심으로 대하다 认真对待 rènzhēn duìdài'와 '순간을 찾다 寻找瞬间 xúnzhǎo shùnjiān'은 회화에서 자주 등장하는 짝꿍단어예요. :)

珍惜在一起的每一刻。

Zhēnxī zài yìqǐ de měi yí kè.

함께하는 매 순간을 소중히 여기자.

words

珍惜 zhēnxī 귀하게 여기다 / 在一起 zài yìqǐ 함께 하다 / 每一刻 měi yí kè 매 순간

珍惜在一起的每一刻。

◆ 流利 point ◆

영화 「타이타닉 Titanic」의 명대사가 생각나요. "인생은 축복이니 낭비하면 안 됩니다. 미래는 아무도 모르는 법이니까요."
'珍惜 아끼다'는 다양한 단어와 자주 쓰는데요. 이번 표현과 같이 '珍惜当下 zhēnxī dāngxià 현재를 소중히 여기다'로도 많이 쓰여요.

想想最让我自己幸福的事。
工作虽然重要,
但是你自己才是最珍贵的。

Xiǎngxiang zuì ràng wǒ zìjǐ xìngfú de shì.
Gōngzuò suīrán zhòngyào,
dànshì nǐ zìjǐ cái shì zuì zhēnguì de.

너 스스로가 가장 행복할 일을 생각해 보면 좋겠어.
일도 물론 중요하지만, 네 자신이 가장 소중하니까.

words)
虽然suīrán A 但是dànshì B 비록 A이지만 B이다 / 珍贵 zhēnguì 귀하다

想想最让我自己幸福的事。
工作虽然重要，
但是你自己才是最珍贵的。

• 流利 point •

자기 돌봄과 내면의 행복을 강조하는 매우 중요한 메시지예요.
'虽然 A 但是 B 비록 A이지만 B이다'는 정말 자주 쓰는 대조 접속사예요.
예 虽然有点儿贵，但是很好吃。 비록 조금 비싸지만, 맛있어요.

能选择做自己喜欢的事情,
本身就是一种幸福。

Néng xuǎnzé zuò zìjǐ xǐhuan de shìqing,
běnshēn jiùshì yìzhǒng xìngfú.

하고 싶은 일을 선택할 수 있다는 것,
그 자체로 이미 충분히 행복한 삶이다.

words)
选择 xuǎnzé 선택하다 / 本身 běnshēn 그 자체

能选择做自己喜欢的事情，
本身就是一种幸福。

• 流利 point •

'本身'은 자기 자신을 가리키는 말로 '그 자체'로 해석했어요. 어떤 대상의 그 자체를 강조할 때 쓰며 글귀에서 자주 보여요!

你千万不要否定自己,
顺顺利利,开开心心。

Nǐ qiānwàn búyào fǒudìng zìjǐ,
shùnshun lìlì, kāikai xīnxīn.

자신을 의심하지 마.
그냥 흘러가는 대로 두고 행복하게 살아.

words)

千万 qiānwàn 부디 / 否定 fǒudìng 부정하다 / 顺利 shùnlì 순조롭다 / 开心 kāixīn 즐겁다

你千万不要否定自己，
顺顺利利，开开心心。

♦ 流利 point ♦

이와 관련된 제가 좋아하는 성어 하나 소개할게요. '顺其自然 shùnqí zìrán' 바로 '자연스러운 흐름에 맡기다', '(억지로 하지 않고) 때를 기다리다'예요.

年　月　日

在感情当中，要保护好自己。
千万不要让自己受伤。

Zài gǎnqíng dāngzhōng, yào bǎohù hǎo zìjǐ.
Qiānwàn búyào ràng zìjǐ shòushāng.

사랑을 할 때도 스스로를 보호할 줄 알아야 해.
절대 스스로를 상처 받게 두지 마.

words)
感情 gǎnqíng 감정, 애정, 친근감 / 当中 dāngzhōng 그 가운데 / 保护 bǎohù 보호하다 /
受伤 shòushāng 상처를 입다

在感情当中，要保护好自己。
千万不要让自己受伤。

◆ 流利 point ◆

사랑이라는 감정 속에서도 자기 자신을 지키는 것이 가장 중요한 것임을 강조하는 문장이에요. 중국에서 감정을 말할 때 자주 쓰는 패턴 '让ràng A(대상) B(감정 내용)'이지요.

예 让我感动 내가 감동 받다 / 让自己受伤 스스로 상처 받다

年　月　日

人一定要爱自己。
因为你只有先爱自己，
才能去爱身边的人。

Rén yídìng yào ài zìjǐ.
Yīnwèi nǐ zhǐyǒu xiān ài zìjǐ,
cái néng qù ài shēnbiān de rén.

사랑은 언제나 나를 사랑하는 것에서 시작돼요.
내가 먼저 나를 사랑할 수 있게 될 때에야 비로소
남을 사랑할 수도 있는 것이지요.

words
因为 yīnwèi 왜냐하면 / 只有 zhǐyǒu A 才 cái B A여야만 비로소 B하다 /
身边的人 shēnbiān de rén 주변 사람

人一定要爱自己。
因为你只有先爱自己,
才能去爱身边的人。

• 流利 point •

사랑의 본질을 꿰뚫는 깊은 진리를 짚은 문장이라고 생각해요. 자기애(自己愛)가 타인과의 건강한 관계를 위한 필수적인 토대임을 강조하지요.
'只有 A 才 B 오직 A해야만 비로소 B하다' 중국어 학습자라면 꼭 알아야 할 접속사 구문이에요.

예 只有练习才能成功。오직 연습해야만 성공할 수 있다.

Chapter 02 幸福，爱情

015 我只想要铭记这瞬间，我走过的光年。

016 笑口常开是好运的第一步。

017 幸福并不是依存于你是什么人或拥有什么，
它只取决于你想的是什么。

018 人生苦短，及时行乐。享受生活，享受快乐的时光。

019 小时候，幸福是很简单的事；长大了，简单是幸福的事。

020 健康是幸福人生所必备的条件之一。

021 如果不快乐，活再久又有什么用呢？

022 要是不开心的话，你可以说出来，也许会好受一点儿。
不愿意说的话，也可以不用说。我可以待在这儿陪你一会儿。

023 在重复的生活里，每一天都认真对待，寻找每个美好的瞬间。

024 珍惜在一起的每一刻。

025 想想最让我自己幸福的事。
工作虽然重要，但是你自己才是最珍贵的。

026 能选择做自己喜欢的事情，本身就是一种幸福。

027 你千万不要否定自己，顺顺利利，开开心心。

028 在感情当中，要保护好自己。千万不要让自己受伤。

029 人一定要爱自己。因为你只有先爱自己，才能去爱身边的人。

Chapter 03

자신,
자존감

진정한 자신과 단단한 자신감을 찾고자 하는
사람들을 위한 자기애 가득한 자신만만 글귀들

改变不了环境，但可以改变自己；
改变不了事实，但可以改变态度；
改变不了过去，但可以改变现在。

Gǎibiàn bu liǎo huánjìng, dàn kěyǐ gǎibiàn zìjǐ;
gǎibiàn bu liǎo shìshí, dàn kěyǐ gǎibiàn tàidù;
gǎibiàn bu liǎo guòqù, dàn kěyǐ gǎibiàn xiànzài.

환경을 바꿀 수는 없어도 나 자신은 바꿀 수 있고,
일어난 일을 바꿀 수는 없어도 내 마음가짐은 바꿀 수 있으며,
과거를 바꿀 수는 없어도 현재는 바꿀 수 있다.

words)

改变 gǎibiàn 바꾸다 / 环境 huánjìng 환경 / 可以 kěyǐ 할 수 있다 / 事实 shìshí 사실 /
态度 tàidù 태도

改变不了环境，但可以改变自己；
改变不了事实，但可以改变态度；
改变不了过去，但可以改变现在。

◆ 流利 point ◆

삶에서 우리가 진정으로 통제할 수 있는 것이 무엇인지 일깨워 주는 따뜻한 메시지예요. 세상에 바꿀 수 있는 것과 없는 것, 통제할 수 있는 것과 없는 것을 잘 구분할 수 있어야 지혜로운 사람이라고 하더라고요.

整理一下自己的心情。
忘掉那些不愉快的往事。
听听音乐，看看风景，说能说的话，
做可做的事，走该走的路，见想见的人。

Zhěnglǐ yíxià zìjǐ de xīnqíng.
Wàngdiào nàxiē bù yúkuài de wǎngshì.
Tīngting yīnyuè, kànkan fēngjǐng, shuō néng shuō de huà,
zuò kě zuò de shì, zǒu gāi zǒu de lù, jiàn xiǎng jiàn de rén.

마음을 다잡고, 불쾌한 지난 일들은 잊어버리세요.
음악을 듣거나, 풍경을 감상하고, 말할 수 있는 것은 말하고,
할 수 있는 일은 하고, 가야 할 길을 가고, 만나고 싶은 사람을 만나 보세요.

words

整理 zhěnglǐ 정리하다 / 忘掉 wàngdiào 잊어버리다 / 愉快 yúkuài 기쁘다 /
往事 wǎngshì 지난 일 / 风景 fēngjǐng 풍경, 경치 / 该 gāi ~해야 한다

整理一下自己的心情。
忘掉那些不愉快的往事。
听听音乐，看看风景，说能说的话，
做可做的事，走该走的路，
见想见的人。

• 流利 point •

가끔 이렇게 마음을 정리하고 내가 좋아하는 것을 해 보는 시간도 필요하죠.
단어 '心情 마음'은 '整理 정리' 외에 '放松 fàngsōng 풀다'과도 자주 써요.
예 放松心情 fàngsōng xīnqíng 마음을 편안히 하다, 릴렉스하다

Day 032

不能说自己平平凡凡,
要记住自己是独一无二的。

Bùnéng shuō zìjǐ píngpíngfánfán,
yào jìzhù zìjǐ shì dúyī wú'èr de.

스스로를 그저 평범하고 별 거 없다고 말하지 마세요.
나는 그 누구보다 특별한 존재임을 기억하세요.

words

平平凡凡 píngpíngfánfán 평범하다, 보통이다 / 记住 jìzhù 기억하다 /
独一无二 dúyī wú'èr 유일무이하다

不能说自己平平凡凡，
要记住自己是独一无二的。

● 流利 point ●

자신을 과소평가하지 말라는 메시지를 담고 있는 문장이에요. 누군가가 아무리 평범해 보일지라도, 그 안에는 다른 누구도 흉내 낼 수 없는 삶의 경험, 감정, 생각, 선택이 담겨 있지요. 세상에 똑같은 사람은 단 한 명도 없어요. 그러니 스스로를 '그저 그런 사람'이라고 한정 짓는 말은, 스스로의 고유한 빛을 덮어버리는 일이 될 거예요.

'平平凡凡 평범하다'과 '独一无二 유일무이하다'은 서로 반대 개념으로 같이 기억해 두면 좋아요!

无论人生处于什么状态,
都要忠于自己、爱惜自己、相信自己。

Wúlùn rénshēng chǔyú shénme zhuàngtài,
dōu yào zhōngyú zìjǐ、àixī zìjǐ、xiāngxìn zìjǐ.

현재의 내가 어떤 모습일지라도
자신에게 충실하고 자신을 아끼며 믿어 주세요.

words

无论 wúlùn ~에 관계없이 / 处于 chǔyú ~에 처하다 / 状态 zhuàngtài 상태 /
忠于 zhōngyú ~에 충실하다 / 爱惜 àixī 아끼다 / 相信 xiāngxìn 믿다

无论人生处于什么状态，
都要忠于自己、爱惜自己、相信自己。

• 流利 point •

진정한 진짜 내 편이 되어 줄 수 있는 건 결국 '나 자신'이잖아요!
그래서 '忠于自己 zhōngyú zìjǐ 자신에게 충실하다'는 표현 역시 자주 쓰는 말이랍니다!

风雨之后见彩虹,阳光总在风雨后。
我支持你!

Fēngyǔ zhīhòu jiàn cǎihóng, yángguāng zǒng zài fēngyǔ hòu.
Wǒ zhīchí nǐ!

비바람이 지난 후에는 무지개가 뜨고 햇빛이 비치잖아.
널 응원할게!

words
风雨 fēngyǔ 바람과 비 / 彩虹 cǎihóng 무지개 / 阳光 yángguāng 햇빛 /
支持 zhīchí 응원하다

风雨之后见彩虹，阳光总在风雨后。我支持你！

♦ 流利 point ♦

고난 뒤 행복이 온다고 하잖아요. 어떠한 어려움에 처해 있더라도 그 비바람을 굳건히 헤치고 나아가면 더욱 단단한 나 자신을 발견할 수 있을 거예요. 중국어에서 이 '고난 후에'를 '风雨之后 fēngyǔ zhīhòu 비바람이 지나간 뒤'에 빗대어 자주 써요!

年　月　日

难过的时候,
就把自己当成另一个人。

Nánguò de shíhou,
jiù bǎ zìjǐ dàngchéng lìng yí ge rén.

힘이 들 때는 자신을 객관적으로 바라보세요.

words
难过 nánguò 슬프다, 괴롭다 / 把bǎ A 当成dàngchéng B A를 B로 여기다 /
另 lìng 다른, 별도로

难过的时候,
就把自己当成另一个人。

• 流利 point •

감정에 휩쓸리지 말고, 한 걸음 물러나서 나 자신을 따뜻한 시선으로 바라보세요. 그래야 진짜 내가 보이고, 진짜 해법도 보이게 되지요.

중국어 학습자라면 꼭 알아야 할 패턴! '把 A 当成 B A를 B로 여기다'는 HSK에도 자주 나와요.

예 把朋友当成家人。 친구를 가족처럼 여긴다.

我的人生我做主!

Wǒ de rénshēng wǒ zuòzhǔ!

내 인생은 내가 정해!

words)
做主 zuòzhǔ 결정권을 가지다

我的人生我做主！

• 流利 point •

이 문장은 이렇게도 표현할 수도 있어요! '你自己的人生，只有自己能决定。 자신의 인생은 오로지 자신만이 결정할 수 있다.'

年　月　日

每个人都有自己擅长和不擅长的领域。

Měi ge rén dōu yǒu zìjǐ shàncháng hé bú shàncháng de lǐngyù.

사람마다 자신이 잘하는 분야와 그렇지 않은 분야가 있어요.

words)
擅长 shàncháng 뛰어나다 / 领域 lǐngyù 영역, 분야

每个人都有自己擅长和不擅长的领域。

◆ 流利 point ◆

중국에 이 문장과 의미가 통하는 성어가 하나 있어요!

'各有所长 gèyǒu suǒcháng 각자 자기의 장점을 가지고 있다'

완벽한 사람은 없어요. 대신 누구나 어떤 면에서는 특별하고, 또 어떤 면에서는 부족하지요. 중요한 건 부족함에 좌절하지 않고, 나의 가능성을 알아가는 것이에요!

相信自己,
你拥有跨越困难的力量。

Xiāngxìn zìjǐ,
nǐ yōngyǒu kuàyuè kùnnan de lìliàng.

네 자신을 믿어,
너는 어려움을 이길 수 있는 힘을 가지고 있어.

words

相信 xiāngxìn 믿다 / 拥有 yōngyǒu 가지다 / 跨越 kuàyuè 뛰어넘다 / 力量 lìliàng 힘

相信自己,
你拥有跨越困难的力量。

◆ 流利 point ◆

이 문장 역시 비슷한 성어가 하나 있어 소개할게요!
'力所能及 lìsuǒ néngjí' 즉 '자신의 능력으로 해낼 수 있다'의 의미예요.

内心一旦平静,
外界就鸦雀无声。

Nèixīn yídàn píngjìng,
wàijiè jiù yāquè wúshēng.

내 마음이 일단 차분해지면 세상도 고요하다.

words

内心 nèixīn 마음 / 平静 píngjìng 차분하다, 평온하다 /
鸦雀无声 yāquè wúshēng 쥐 죽은 듯이 고요하다

内心一旦平静,
外界就鸦雀无声。

♦ 流利 point ♦

외부 자극보다 더 큰 영향력을 가진 건 바로 '내 마음의 상태'라는 말이에요. 세상은 내 마음의 거울이지요. 그러니 세상이 먼저 조용해지길 바라기 전에, 내 마음부터 들여다봐야 해요.

'一旦yídàn A 就jiù B'는 '일단 A하면 B하다'의 의미로 조건이 충족되면 결과가 따라옴을 말할 때 쓰는 접속사예요.

예 一旦肚子饿了，我就会找东西吃。 일단 배가 고파지면 난 뭘 찾아 먹곤 해.

年　月　日

不要一个人自己扛。
累了就靠一下，我在你身边。

Búyào yí ge rén zìjǐ káng.
Lèi le jiù kào yíxià, wǒ zài nǐ shēnbiān.

혼자서 짊어지려 하지 마.
힘들면 기대도 돼, 네 곁에 내가 있잖아.

words)
扛 káng (책임·임무 따위를) 맡다 / 靠 kào 기대다

不要一个人自己扛。
累了就靠一下，我在你身边。

流利 point

'我在你身边。 내가 네 곁에 있어' 표현 이외에 중국 드라마에서 더 자주 나오는 쉬운 위로의 표현을 하나 더 알려 드릴게요.
바로 '有我在。Yǒu wǒ zài. 내가 있어.'예요.

年　月　日

你必须懂得
如何将自己摆在第一位,
爱自己才能给身旁的人更多的爱。

Nǐ bìxū dǒngde
rúhé jiāng zìjǐ bǎizài dì yī wèi,
ài zìjǐ cái néng gěi shēnpáng de rén gèng duō de ài.

네가 네 자신을 첫 번째로 사랑할 줄 알아야 해.
그래야 더 많은 사랑을 주변 사람들에게도 줄 수 있어.

words
必须 bìxū 반드시 / 如何 rúhé 어떻게 / 摆在 bǎizài ~에 두다 /
第一位 dì yī wèi 1순위 / 身旁 shēnpáng 주변

你必须懂得
如何将自己摆在第一位，
爱自己才能给身旁的人更多的爱。

◆ 流利 point ◆

한 예능 프로그램에서 어느 배우가 '네 자신을 사랑할 줄 알아야 주변에 사랑을 줄 수 있다'라고 하면서 '그 후로 그날 하루 감사했던 일 10가지를 꾸준히 적었다'라고 한 말이 화제가 되었죠!

자기 자신을 돌보는 것이야 말로 이기적인 게 아니라, 건강한 사랑의 시작이라는 것! 자존감과 자기 이해가 인간관계의 뿌리라는 점을 말해 주는 이 문장, 꼭 알아 두시고 중국어로 멋지게 써 보세요!

只要你的心是善良的，
对错都是别人的事。
照着自己的心意走。

Zhǐyào nǐ de xīn shì shànliáng de,
duìcuò dōu shì biérén de shì.
Zhàozhe zìjǐ de xīnyì zǒu.

네가 선한 마음을 품었다면
다른 사람이 뭐라고 하든 신념을 가지고
네 마음이 가는 대로 하면 되는 거야.

words
只要 zhǐyào ~하기만 하면 / 善良 shànliáng 착하다 / 对错 duìcuò 옳고 그름 /
照着 zhàozhe ~대로 / 心意 xīnyì 마음

只要你的心是善良的，
对错都是别人的事。
照着自己的心意走。

♦ 流利 point ♦

'只要 A A하기만 하면'은 정말 많이 쓰는 접속사예요. 보통 뒤에 '就 B B하다'
또는 지금처럼 'B 都是… B는 전부 다 ~하다' 이렇게 써요.

选择自己所爱的，
爱自己所选择的。

Xuǎnzé zìjǐ suǒ ài de,
ài zìjǐ suǒ xuǎnzé de.

나에게 소중한 것을 선택하고,
내가 선택한 것들을 소중히 하라.

words)
选择 xuǎnzé 선택하다

选择自己所爱的，
爱自己所选择的。

◆ 流利 point ◆

중국어 구어 표현은 아니지만, '所suǒ + 동사 + 的de' 형태는 '~하는 것'으로 해석해요. 이때 '所'는 생략할 수 있어요.

你要相信一切都会慢慢好起来的。

Nǐ yào xiāngxìn yíqiè dōu huì mànmàn hǎo qǐlái de.

모든 것이 다 천천히 나아질 거라고 믿으세요.

words

相信 xiāngxìn 믿다 / 一切 yíqiè 모든 것 / 会 huì ~일 것이다 /
好起来 hǎo qǐlái 나아지다, 좋아지다

你要相信一切都会慢慢好起来的。

流利 point

상황이 어렵거나 불안할 때, 혹은 어떤 문제로 인해 힘든 시간을 보내고 있는 사람에게 건네는 따뜻한 격려의 메시지로 쓸 수 있는 문장이에요. 힘든 상황이 있더라도 시간이 지나면 모든 것이 점차 더 좋은 방향으로 흘러갈 것이니, 그 과정을 믿고 긍정적인 마음을 가지라는 뜻이지요. 즉 자기 암시, 긍정 확언. 명상할 때 많이 언급되는 문장이에요. 중국어로 '自我肯定 zìwǒ kěndìng'이라고 해요.

Chapter 03 自己，自尊感

030 改变不了环境，但可以改变自己；改变不了事实，但可以改变态度；改变不了过去，但可以改变现在。

031 整理一下自己的心情。忘掉那些不愉快的往事。听听音乐，看看风景，说能说的话，做可做的事，走该走的路，见想见的人。

032 不能说自己平平凡凡，要记住自己是独一无二的。

033 无论人生处于什么状态，都要忠于自己、爱惜自己、相信自己。

034 风雨之后见彩虹，阳光总在风雨后。我支持你！

035 难过的时候，就把自己当成另一个人。

036 我的人生我做主！

037 每个人都有自己擅长和不擅长的领域。

038 相信自己，你拥有跨越困难的力量。

039 内心一旦平静，外界就鸦雀无声。

040 不要一个人自己扛。累了就靠一下，我在你身边。

041 你必须懂得如何将自己摆在第一位，爱自己才能给身旁的人更多的爱。

042 只要你的心是善良的，对错都是别人的事。照着自己的心意走。

043 选择自己所爱的，爱自己所选择的。

044 你要相信一切都会慢慢好起来的。

Chapter 04

인생

인생을 즐겁고 행복하게 만들고자 하는
사람들을 위한 아름답고도 주옥 같은 글귀들

年　月　日

不拧巴、不纠结、不内耗，
有自己的人生态度，慢慢成长。

Bù nǐngba、bù jiūjié、bú nèihào,
yǒu zìjǐ de rénshēng tàidù, mànmàn chéngzhǎng.

고집스러움은 버리고, 갈팡질팡하지 않으며, 과하게 스트레스받지 말자.
나만의 인생 태도를 가지고 천천히 성장해 가자.

words
拧巴 nǐngba 내 생각만 옳다 여기는 고집스러움 / 纠结 jiūjié 고민하다, 갈팡질팡하다 /
内耗 nèihào 내적 스트레스 / 人生态度 rénshēng tàidù 인생 태도 /
成长 chéngzhǎng 성장하다

不拧巴、不纠结、不内耗,
有自己的人生态度,慢慢成长。

◆ 流利 point ◆

자신만의 속도로, 자신만의 방식으로 성장해 나가는 것이야말로 가장 소중하고 의미 있는 과정이라고 생각해요. 조급해하지 않고 천천히 나아가면, 분명 자신이 원하는 평온하고 단단한 삶의 모습을 만들어 갈 수 있을 거예요.

문장 중 '拧巴', '纠结', '内耗' 이 세 단어는 현대인이 자주 겪는 내면의 문제들이에요. 특히 '内耗(내적 스트레스)'는 꼭 알아야 할 요즘 중국 유행어랍니다!

人生的价值,
并不是用时间,而是用深度去衡量的。

Rénshēng de jiàzhí,
bìng búshì yòng shíjiān, érshì yòng shēndù qù héngliáng de.

삶의 가치는
시간이 아닌 깊이로 가늠된다.

words)
价值 jiàzhí 가치 / 并 bìng 결코 / 不是 búshì A 而是 érshì B A가 아니라 B이다 /
深度 shēndù 깊이 / 衡量 héngliáng 가늠하다

人生的价值,
并不是用时间, 而是用深度去衡量的。

● 流利 point ●

단순히 오래 사는 것보다, 삶을 얼마나 충실하고 의미 있게 채워 나가는지가 중요하다는 깊은 울림을 담고 있는 메세지예요. 양적인 시간보다는 질적인 경험, 즉 삶의 깊이가 진정한 가치를 결정한다는 뜻이죠.

'不是 A 而是 B A가 아니라 B이다'는 중국어에서 정말 자주 쓰는 동시에 헷갈리기 쉬운 접속사예요!

예 不是明天, 而是后天。 내일이 아니고 모레야.

生活没有对错，没有好坏，
只是选择。

Shēnghuó méiyǒu duìcuò, méiyǒu hǎohuài,
zhǐ shì xuǎnzé.

인생은 옳거나 그름, 좋거나 나쁨이 없어요.
그저 선택일 뿐이죠.

words)

对错 duìcuò 옳고 그름 / 好坏 hǎohuài 좋고 나쁨 / 只 zhǐ 단지 / 选择 xuǎnzé 선택하다

生活没有对错，没有好坏，
只是选择。

♦ 流利 point ♦

'삶은 선택!'과 관련된 명언이 참 많아요. 공유해 봅니다!

1. 오늘의 선택이 내일의 결과를 만든다. - 존 맥스웰
   今天的选择决定明天的结果。

2. 우리가 선택하는 것이 우리의 인생을 만든다. - 알베르 카뮈
   你的选择，决定你的人生。

3. 인생은 B와 D 사이에 있는 C이다. - 장 폴 사르트르
   人生是B与D之间的C。

人生没有最好的年纪,
只有最好的状态。

Rénshēng méiyǒu zuìhǎo de niánjì,
zhǐyǒu zuìhǎo de zhuàngtài.

인생에서 가장 좋은 나이는 없다.
가장 좋은 마음가짐뿐.

words)
年纪 niánjì 나이 / 状态 zhuàngtài 상태

人生没有最好的年纪，
只有最好的状态。

• 流利 point •

우리는 흔히 '지금 내 나이에 뭘 할 수 있을까'하는 생각을 하잖아요. 그러나 이 글귀처럼 사실 가장 좋은 나이는 따로 존재하지 않고 '내가 어떤 상태인지'가 가장 중요해요. 나이보다 '내 현재'에 집중하고 앞으로 나아가면 좋을 것 같아 선택한 문장이에요.

成年人,
应该学会自己做出选择并且承担后果。

Chéngniánrén,
yīnggāi xuéhuì zìjǐ zuòchū xuǎnzé bìngqiě chéngdān hòuguǒ.

어른이 되었으면
스스로 결정하고 그 결과에 책임지는 법을 배워야 해.

words)

成年人 chéngniánrén 성인 / 应该 yīnggāi 마땅히 ~해야 한다 / 学会 xuéhuì 배우다 /
并且 bìngqiě 그리고 / 承担 chéngdān 책임지다 / 后果 hòuguǒ 결과

成年人，
应该学会自己做出选择并且承担后果。

流利 point

중국에 '成人不自在，自在不成人。 Chéngrén bú zìzài, zìzài bù chéngrén. 성인은 저절로 되는 것이 아니다.'라는 말이 있어요. '사람이 무엇인가 이루려고 하면 자유로울 수 없고, 자유롭고자 하면 무엇인가 이룰 수 없다.'는 말로, 어른으로서의 노력, 결정, 책임을 강조하는 글귀예요.

人生短暂，
我们都应该保持积极乐观的态度。

Rénshēng duǎnzàn,
wǒmen dōu yīnggāi bǎochí jījí lèguān de tàidù.

인생은 짧으니,
항상 긍정적이고 낙관적인 태도를 유지해야 해요.

words)

短暂 duǎnzàn (시간이) 짧다 / 保持 bǎochí 유지하다 / 积极 jījí 긍정적이다 /
乐观 lèguān 낙관적이다

人生短暂,
我们都应该保持积极乐观的态度。

• 流利 point •

관련된 좋은 글귀 하나 더 추가할게요!

'心态决定一切。Xīntài juédìng yíqiè. 마음가짐이 모든 것을 결정한다.'

毕竟人生还是要
做一些自己不喜欢的事情。

Bìjìng rénshēng háishi yào
zuò yìxiē zìjǐ bù xǐhuan de shìqing.

어쨌든 살면서 하고 싶은 일만 할 수는 없잖아.

words)
毕竟 bìjìng 어쨌든 / 还是 háishi 그래도, 여전히 / 事情 shìqing 일

毕竟人生还是要
做一些自己不喜欢的事情。

• 流利 point •

참 현실적인 삶의 지혜를 담고 있지요. 살면서 마주하는 책임감, 의무, 그리고 때로는 원치 않는 상황들을 인정하는 태도를 잘 보여 주는 문장이에요.

最聪明的人
是最不愿浪费时间的人。

Zuì cōngmíng de rén
shì zuì búyuàn làngfèi shíjiān de rén.

시간을 허비하지 않는 사람이 가장 현명한 사람이다.

words)
聪明 cōngmíng 똑똑하다 / 不愿 búyuàn ~하려 하지 않다 / 浪费 làngfèi 낭비하다

最聪明的人
是最不愿浪费时间的人。

♦ 流利 point ♦

중국을 대표하는 문학가 노신(鲁迅) 역시 '시간 = 생명'과 관련된 유명한 명언을 남겼어요.

'时间就是性命。Shíjiān jiùshì xìngmìng. 시간은 생명이다.'

年　月　日

经验是生活的肥料,
有什么样的经验便会变成什么样的人。

Jīngyàn shì shēnghuó de féiliào,
yǒu shénme yàng de jīngyàn biàn huì biànchéng shénme yàng de rén.

어떤 '경험'을 통해 어떤 '사람'이 될 수 있듯이
경험은 살아가는 데 중요한 요소가 된다.

words)

经验 jīngyàn 경험 / 肥料 féiliào 비료 / 便 biàn 곧, 즉 / 变成 biànchéng ~로 변하다

经验是生活的肥料，
有什么样的经验便会变成什么样的人。

◆ 流利 point ◆

중국어 단어 '经验'은 단순히 겪은 일(经历 jīnglì)을 의미하는 것이 아니라, 그 과정을 통해 얻은 지식이나 교훈, 노하우까지 포함하는 '더 깊은 차원'의 경험을 말해요. 좋은 경험이든, 때로는 힘든 경험이든, 그 모든 것이 쌓여 지금의 자신을 만들고 미래의 자신을 만들어 가는 것이겠지요.

你要明白,
人的一生既不是人们想象的那么好,
也不是那么坏。

Nǐ yào míngbai,
rén de yìshēng jì búshì rénmen xiǎngxiàng de nàme hǎo,
yě bú shì nàme huài.

인생은 생각했던 것만큼 그리 즐겁지도 않으며,
또 생각만큼 나쁘지도 않아요.

words
明白 míngbai 알다 / 既jì 又yòu B A하기도 하고 B하기도 하다 /
想象 xiǎngxiàng 상상하다

你要明白,
人的一生既不是人们想象的那么好,
也不是那么坏。

● 流利 point ●

'既 A 又 B'는 'A하기도 하고 B하기도 하다'는 뜻으로, 두 가지 특성을 동시에 표현할 때 자주 쓰이는 구문이에요. '又 A 又 B'보다 문어체에서 더 자주 보여요.

只要还有"明天",
"今天"就永远是起跑线。

Zhǐyào hái yǒu "míngtiān",
"jīntiān" jiù yǒngyuǎn shì qǐpǎoxiàn.

'내일'이 있으니
'오늘'은 언제까지나 시작일 뿐이다.

words

只要zhǐyào A 就jiù B A하기만 하면 B하다 / 永远 yǒngyuǎn 영원하다; 늘 /
起跑线 qǐpǎoxiàn 스타트라인

只要还有"明天",
"今天"就永远是起跑线。

♦ 流利 point ♦

내일이 있다는 건, 오늘이 아직 늦지 않았다는 메시지를 주는 응원의 글귀예요. 그렇다고 오늘 할 일을 내일로 미루면 안 되겠지요? '오늘 할 일을 내일로 미루지 마라.'는 중국어로 '不要把今天要做的事推到明天。'이라고 해요.
'起跑线 스타트라인'은 추상적으로 시작점을 뜻하는 비유적 표현으로 자주 볼 수 있답니다!

人这一辈子，钱多钱少并不重要。
重要的是如何使用它。

Rén zhè yíbèizi, qián duō qián shǎo bìng bú zhòngyào.
Zhòngyào de shì rúhé shǐyòng tā.

인생에서 돈이 많고 적음은 결코 중요하지 않다.
중요한 것은 그것을 어떻게 쓰느냐이다.

words
一辈子 yíbèizi 한평생, 일생 / 并不 bìng bù 결코 ~하지 않다 / 如何 rúhé 어떻게 /
使用 shǐyòng 사용하다

人这一辈子，钱多钱少并不重要。
重要的是如何使用它。

• 流利 point •

돈과 관련된 소크라테스의 유명한 명언도 공유해요! '재산이 많은 사람이 그 재산을 자랑하고 있더라도 그 돈을 어떻게 쓰는지 알 수 있을 때까지는 그를 칭찬하지 말라.'

没想到人生的命运,
总是会在一瞬间改变。

Méi xiǎngdào rénshēng de mìngyùn,
zǒngshì huì zài yíshùnjiān gǎibiàn.

사람의 운명이란 건
생각지도 못하게 늘 한순간에 바뀌기도 한다.

words)

命运 mìngyùn 운명 / 在一瞬间 zài yíshùnjiān 한순간에 / 改变 gǎibiàn 바뀌다

没想到人生的命运,
总是会在一瞬间改变。

流利 point

우리의 삶은 예측할 수 없는 순간들로 가득하고, 때로는 작은 계기나 우연한 만남이 전혀 다른 길로 이끌기도 하죠. 그런 순간들이 모여 우리의 운명을 만들어 간다는 것을 다시금 깨닫게 되네요.

회화에서 중요한 표현인 '没想到 méi xiǎngdào'는 '생각지도 못했다'의 뜻으로 단독으로도 사용 가능하고, '没想到' 뒤에 문장을 더해 '~하는 것을 생각지도 못했다'라고도 쓸 수 있어요!

人们如同在深海中航行的船。
有时相遇，有时分开。

Rénmen rútóng zài shēnhǎi zhōng hángxíng de chuán.
Yǒushí xiāngyù, yǒushí fēnkāi.

인간의 삶은 마치 드넓은 바다를 항해하는 배와 같아.
만남이 있으면 헤어짐도 있는 법이지.

words)

如同 rútóng 마치 ~와 같다 / 航行 hángxíng 항해하다 / 船 chuán 배 /
相遇 xiāngyù 만나다 / 分开 fēnkāi 헤어지다

人们如同在深海中航行的船。
有时相遇，有时分开。

流利 point

'有时 yǒushí A 有时 yǒushí B 어떤 때는 A 어떤 때는 B'는 대조적 흐름을 표현하는 패턴이에요.

예 有时画画儿，有时唱歌。어떤 때는 그림을 그리고 어떤 때는 노래를 불러.

Chapter 04 人生

045　不拧巴、不纠结、不内耗,有自己的人生态度,慢慢成长。

046　人生的价值,并不是用时间,而是用深度去衡量的。

047　生活没有对错,没有好坏,只是选择。

048　人生没有最好的年纪,只有最好的状态。

049　成年人,应该学会自己做出选择并且承担后果。

050　人生短暂,我们都应该保持积极乐观的态度。

051　毕竟人生还是要做一些自己不喜欢的事情。

052　最聪明的人是最不愿浪费时间的人。

053　经验是生活的肥料,有什么样的经验便会变成什么样的人。

054　你要明白,人的一生既不是人们想象的那么好,也不是那么坏。

055　只要还有"明天","今天"就永远是起跑线。

056　人这一辈子,钱多钱少并不重要。重要的是如何使用它。

057　没想到人生的命运,总是会在一瞬间改变。

058　人们如同在深海中航行的船。有时相遇,有时分开。

Chapter 05

노력, 학습

노력의 중요성을 알고 학습의 힘을 믿는
사람들에게 기운을 북돋아 주는 힘 있는 글귀들

努力不一定成功。
但要知道，成功的人一定努力过。

Nǔlì bù yídìng chénggōng.
Dàn yào zhīdào, chénggōng de rén yídìng nǔlì guo.

노력이 반드시 성공을 보장하지는 않지만,
성공한 사람들은 모두 노력했다는 것을 알아야 한다.

words
努力 nǔlì 노력하다 / 不一定 bù yídìng 반드시 ~하는 것은 아니다 /
成功 chénggōng 성공하다

努力不一定成功。
但要知道，成功的人一定努力过。

◆ 流利 point ◆

중국어 학습자라면 '不一定'이라는 표현 꼭 기억해 두세요!
'不一定!'은 단독으로 '꼭 그렇지는 않아!'라고도 자주 써요!

珍惜你的岗位,
珍惜你的奋斗经历。

Zhēnxī nǐ de gǎngwèi,
zhēnxī nǐ de fèndòu jīnglì.

네가 노력으로 얻은 경험과 자리를 소중히 여겨라.

words
珍惜 zhēnxī 소중히 여기다 / 岗位 gǎngwèi 직책, 본분 / 经历 jīnglì 경험

珍惜你的岗位，
珍惜你的奋斗经历。

♦ 流利 point ♦

우리가 걸어온 길과 현재의 위치에 대한 감사와 존중을 강조하는 문장이지요. 흘린 땀과 노력, 그리고 인내의 결과물을 소중히 여기는 것은 자신의 노력을 인정하고 존중하는 건강한 자기애의 표현이라고 할 수 있어요.

真正的知道是知道自己的无知。

Zhēnzhèng de zhīdào shì zhīdào zìjǐ de wúzhī.

진정한 앎이란 스스로 얼마나 모르는지를 아는 것이다.

words)
真正 zhēnzhèng 진정한 / 知道 zhīdào 알다 / 无知 wúzhī 무지하다

真正的知道是知道自己的无知。

◆ 流利 point ◆

이와 비슷한 다른 명언이 있어요. '一个真正聪明的人，就是承认自己的 "无知"。' 즉 '진정으로 똑똑한 사람은 바로 자신의 '무지'를 인정함에서 출발한다.'는 뜻이에요.

书籍是培植智慧的工具。
养成良好的晨读习惯，
为我们美好的未来打下扎实的基础。

Shūjí shì péizhí zhìhuì de gōngjù.
Yǎngchéng liánghǎo de chéndú xíguàn,
wèi wǒmen měihǎo de wèilái dǎxià zhāshí de jīchǔ.

책은 지혜를 기르는 도구다.
아침 일찍 책을 읽는 좋은 습관은
더 나은 미래를 위해 튼튼한 기초를 쌓는 것이다.

words)
书籍 shūjí 책 / 培植 péizhí 양성하다 / 智慧 zhìhuì 지혜 / 工具 gōngjù 도구 /
养成 yǎngchéng 기르다 / 晨读 chéndú 일찍 일어나 공부하다 /
打下 dǎxià 기초를 닦다 / 扎实 zhāshí 튼튼하다 / 基础 jīchǔ 기초

书籍是培植智慧的工具。
养成良好的晨读习惯，
为我们美好的未来打下扎实的基础。

● 流利 point ●

책의 중요성을 강조하는 문장, 참 많지요? 이외 유명한 데카르트의 명언도 공유합니다. '좋은 책을 읽는 것은 과거 몇 세기의 가장 훌륭한 사람들과 이야기를 나누는 것과 같다.'

年　　月　　日

活到老，学到老。
一生一世学不了。

Huódào lǎo, xuédào lǎo.
Yìshēng yíshì xué bu liǎo.

배움은 한 평생 끝이 없다.

words)
一生一世 yìshēng yíshì 한 평생

活到老，学到老。
一生一世学不了。

♦ 流利 point ♦

'活到老，学到老！'는 제가 제일 좋아하는 글귀 중 하나예요. 어찌 보면 끝이 없어 지칠 수 있지만 실력은 나날이 성장하고 있다는 것 :) 天天向上！

예 天天向上 나날이 향상하다

奇迹并非偶然。
只有努力和坚持的人，才能迎来它。

Qíjī bìngfēi ǒurán.
Zhǐyǒu nǔlì hé jiānchí de rén, cái néng yínglái tā.

기적은 우연히 찾아오는 것이 아니다.
꾸준히 노력하는 자에게만 찾아온다.

words
奇迹 qíjī 기적 / 并非 bìngfēi 결코 ~이 아니다 / 偶然 ǒurán 우연히 /
迎来 yínglái 맞이하다

奇迹并非偶然。
只有努力和坚持的人,才能迎来它。

♦ 流利 point ♦

노력의 가치와 중요성을 명확하게 보여 주고 또 일깨워 주는 문장이라고 생각해요! '并非 A'는 '결코(절대) A가 아니다'라는 강한 부정의 표현으로 '并不'와 같아요.

예 并非如此。 결코(절대) 그렇지 않아.

所谓的好运里面，都有努力的成分。

Suǒwèi de hǎoyùn lǐmian, dōu yǒu nǔlì de chéngfèn.

모든 행운에는 노력이라는 게 포함되어 있어.

words
所谓 suǒwèi ~라는 것은 / 任何 rènhé 어떠한 / 好运 hǎoyùn 행운 /
成分 chéngfèn 요소

所谓的好运里面，都有努力的成分。

流利 point

겉보기에 운처럼 보일지라도 사실 그 안에는 보이지 않는 노력이 담겨 있는 거죠. 노력의 진정한 가치와 중요성을 다시 한번 깨닫게 해 주는 문장으로, 오늘 하루도 운을 만들어 간다는 생각에 선택한 글귀예요!

人类的幸福和欢乐在于奋斗,
而最有价值的是为理想而奋斗。

Rénlèi de xìngfú hé huānlè zàiyú fèndòu,
ér zuì yǒu jiàzhí de shì wèi lǐxiǎng ér fèndòu.

행복과 기쁨은 노력에서 오며,
가장 가치 있는 노력은 꿈을 위한 노력이다.

words

在于 zàiyú ~에 있다 / 奋斗 fèndòu 분투하다 / 为wèi A 而ér B A를 위해 B하다 /
理想 lǐxiǎng 이상, 꿈

人类的幸福和欢乐在于奋斗,
而最有价值的是为理想而奋斗。

• 流利 point •

No pain no gain! 어떠한 것을 얻기 위한 '노력'이 가장 기쁘고 가치 있는 일인 것 같아요. 노력 없이 얻을 수 있는 것은 없다고 봅니다.

예 没有付出，就没有收获。노력이 없으면 수확(결과)도 없다.

年　月　日

你流的每一滴汗水，
都会浇灌出未来的花朵。

Nǐ liú de měi yì dī hànshuǐ,
dōu huì jiāoguàn chū wèilái de huāduǒ.

네가 흘린 땀 한 방울 한 방울이
결국 미래의 꽃을 피우게 할 거야.

words

流 liú 흘리다 / 滴 dī 방울 / 汗水 hànshuǐ 땀 / 浇灌 jiāoguàn (농작물에) 물을 주다 /
未来 wèilái 미래 / 花朵 huāduǒ 꽃

你流的每一滴汗水，
都会浇灌出未来的花朵。

♦ 流利 point ♦

양사 '滴'는 '방울' 즉 액체 덩이를 셀 때 쓰는데, '一滴汗水 땀 한 방울'은 정말 땀을 뜻하기도 하고, 고생을 빗대어 표현하기도 해요.

时间走得比你想象的还快,
不要辜负每个当下。

Shíjiān zǒu de bǐ nǐ xiǎngxiàng de hái kuài,
búyào gūfù měi ge dāngxià.

시간은 네가 생각하는 것보다 빠르게 흘러가니
지금을 헛되이 보내지 마.

words)
时间 shíjiān 시간 / 想象 xiǎngxiàng 상상하다 / 辜负 gūfù 헛되게 하다 /
当下 dāngxià 현재

时间走得比你想象的还快,
不要辜负每个当下。

♦ 流利 point ♦

지금까지 '当下 현재(지금 이 순간을 강조)'라는 단어가 정말 많이 나왔어요!
예 현재를 살아라 **活在当下** / 현재를 소중히 여겨라 **珍惜当下** /
매 시간을 헛되게 여기지 말아라 **不要辜负每个当下**

努力不是为了给世界看的,
而是为了去看世界的。

Nǔlì búshì wèile gěi shìjiè kàn de,
érshì wèile qù kàn shìjiè de.

세상에 잘 보이기 위해 노력하는 게 아니라,
세상을 더 넓게 보기 위해 노력하는 거야.

words

努力 nǔlì 노력 / 不是 búshì A 而是 érshì B A가 아니라 B이다 / 为了 wèile ~를 위해 /
世界 shìjiè 세계

努力不是为了给世界看的，
而是为了去看世界的。

♦ 流利 point ♦

몇 년 전, 중국 SNS에서 매우 유행했던 퇴사와 관련된 이야기가 하나 있어요. 어느 중국 교사의 사직서에 써 있던 퇴사 사유 문구인데요. 바로 '世界那么大，我想去看看。Shìjiè nàme dà, wǒ xiǎng qù kànkan.'이라는 말이었는데요, 즉 '세상이 이리 넓은데 제가 한번 가 보고 싶습니다.'라는 뜻이에요. 퇴사 사유가 될 만하죠?

时间是宝贵的。
在我们的生活中有很多机会。

Shíjiān shì bǎoguì de.
Zài wǒmen de shēnghuó zhōng yǒu hěn duō jīhuì.

시간은 소중하고
우리의 삶에는 많은 기회가 있다.

words

时间 shíjiān 시간 / 宝贵 bǎoguì 귀중하다 / 生活 shēnghuó 생활 / 机会 jīhuì 기회

时间是宝贵的。
在我们的生活中有很多机会。

♦ 流利 point ♦

'기회'와 관련하여 유명한 명언 하나가 생각나요. 바로 '좋은 기회는 다시 오지 않는다'는 말이에요. '机不可失，时不再来。Jī bùkě shī, shí búzài lái.'

年　月　日

累了就休息,
但和放弃没有关系。

Lèi le jiù xiūxi,
dàn hé fàngqì méiyǒu guānxi.

힘들면 잠시 쉬면 된다.
하지만 쉬는 것과 포기는 다르다.

words)
休息 xiūxi 쉬다 / 放弃 fàngqì 포기하다 / 关系 guānxi 관계

累了就休息,
但和放弃没有关系。

流利 point

일과 휴식을 잘 분배할 수 있어야겠죠. 중국에 '워라밸을 잘 지키자'라는 성어가 있어요. '劳逸结合 láoyì jiéhé 노동과 휴식을 적당히 조절하다'입니다.

从失败中学习，然后再次出发，
这是通往成功的道路。

Cóng shībài zhōng xuéxí, ránhòu zàicì chūfā,
zhè shì tōngwǎng chénggōng de dàolù.

실패를 통해 배우고 다시 출발하는 것,
이것이 성공으로 가는 길이다.

words)
从cóng … 中zhōng … ~를 통해 ~하다 / 再次 zàicì 다시 / 通往 tōngwǎng 통하다 /
成功 chénggōng 성공하다 / 道路 dàolù 도로, 길

从失败中学习，然后再次出发，
这是通往成功的道路。

流利 point

관련해서 매우 유명한 말이 있죠. '실패는 성공의 어머니다', 중국에서도 그대로 쓴답니다! 바로 '失败是成功之母。Shībài shì chénggōng zhī mǔ.'

Chapter 05 努力, 学习

059 努力不一定成功。但要知道, 成功的人一定努力过。

060 珍惜你的岗位, 珍惜你的奋斗经历。

061 真正的知道是知道自己的无知。

062 书籍是培植智慧的工具。
养成良好的晨读习惯, 为我们美好的未来打下扎实的基础。

063 活到老, 学到老。一生一世学不了。

064 奇迹并非偶然。只有努力和坚持的人, 才能迎来它。

065 所谓的好运里面, 都有努力的成分。

066 人类的幸福和欢乐在于奋斗, 而最有价值的是为理想而奋斗。

067 你流的每一滴汗水, 都会浇灌出未来的花朵。

068 时间走得比你想象的还快, 不要辜负每个当下。

069 努力不是为了给世界看的, 而是为了去看世界的。

070 时间是宝贵的。在我们的生活中有很多机会。

071 累了就休息, 但和放弃没有关系。

072 从失败中学习, 然后再次出发, 这是通往成功的道路。

Chapter 06

용기

미래의 두려움을 떨쳐내고 도전과 모험,
용기를 찾는 사람들을 위한 힘찬 글귀들

趁着年轻，不要怕多吃一些苦。
这些逆境与磨炼，
才会让你真正学会谦恭。

Chènzhe niánqīng, bú yào pà duō chī yìxiē kǔ.
Zhèxiē nìjìng yǔ móliàn,
cái huì ràng nǐ zhēnzhèng xuéhuì qiāngōng.

젊을 때 고생하는 것을 두려워하지 말라.
역경과 시련을 겪어야만 진정한 겸손을 배울 수 있다.

words)

趁着 chènzhe (때, 기회를) 이용해서 / 年轻 niánqīng 젊다 / 逆境 nìjìng 역경 /
磨炼 móliàn 시련 / 学会 xuéhuì 배우다 / 谦恭 qiāngōng 공손하고 겸손하다

趁着年轻，不要怕多吃一些苦。
这些逆境与磨炼，
才会让你真正学会谦恭。

● 流利 point

중국어 학습자라면 꼭 알아 두세요. '与 yǔ'는 '~와/과'를 뜻하는 표현으로 주로 문어체나 격식 있는 글에서 자주 사용돼요. '和 hé', '跟 gēn'과 같은 의미지만 문서나 공식 표현에서 특히 많이 볼 수 있어요.

做错事情了，
要有勇于承认错误的勇气。

Zuòcuò shìqing le,
yàoyǒu yǒngyú chéngrèn cuòwù de yǒngqì.

실수했을 때 잘못을 인정하는 용기가 필요해.

words)
勇于 yǒngyú 과감하게, 용감히 / 承认 chéngrèn 인정하다 / 错误 cuòwù 잘못 /
勇气 yǒngqì 용기

做错事情了,
要有勇于承认错误的勇气。

♦ 流利 point ♦

실수를 인정하는 용기를 내기는 어렵지만, 이 용기야 말로 진정한 용기가 아닐까 해요! 자신의 실수를 인정하는 것은 단순히 잘못을 시인하는 것을 넘어, 자기 성찰과 성장의 중요한 발판이 되니까요. 문장에 있는 '勇于承认 yǒngyú chéngrèn 과감히 인정하다'는 실제로도 자주 쓰는 말이에요.

年　月　日

其实什么时候开始都不晚。

Qíshí shénme shíhou kāishǐ dōu bùwǎn.

사실 무언가를 언제 시작해도 늦지 않아요.

words)
其实 qíshí 사실 / 开始 kāishǐ 시작하다

其实什么时候开始都不晚。

♦ 流利 point ♦

우리에게 희망과 용기를 주는 정말 강력한 말이지요. 용기가 필요할 때 가장 힘이 되는 또다른 말! '지금 시작해도 늦지 않았어요! 现在开始还来得及! Xiànzài kāishǐ hái láidejí!' '来得及 láidejí'는 '여유가 있다, 늦지 않다'는 뜻이에요.

今后一定会遇到很多困难,
但我想去试一试!

Jīnhòu yídìng huì yùdào hěn duō kùnnan,
dàn wǒ xiǎng qù shì yi shì!

앞으로 어려움이 많겠지만 그냥 해 보고 싶어요!

words)

遇到 yùdào 만나다 / 困难 kùnnan 어려움 / 试 shì 도전하다

今后一定会遇到很多困难,
但我想去试一试!

♦ 流利 point ♦

'시작이 반이다!' 결과보다 시도의 중요함에 집중한 표현이에요. 중국어 학습자라면 단어 '试'는 꼭 기억해 주세요! 더불어 '한번 해 보다(도전해 보다)'는 '试试', '试一试' 형태로도 자주 쓴답니다.

'시작이 반이다.'는 중국어로 '好的开始是成功的一半。Hǎo de kāishǐ shì chénggōng de yíbàn.'이라고 해요!

我们必须学会在绝境中不断突破自我，这样才会成长。

Wǒmen bìxū xuéhuì zài juéjìng zhōng búduàn tūpò zìwǒ, zhèyàng cái huì chéngzhǎng.

우리는 절망 속에서도 끊임없이 스스로를 뛰어넘어야 한다.
그래야만 성장할 수 있다.

words
必须 bìxū 반드시 / 学会 xuéhuì 배우다 / 绝境 juéjìng 궁지 / 不断 búduàn 끊임없이 /
突破 tūpò 돌파하다

我们必须学会在绝境中不断突破自我，这样才会成长。

• 流利 point •

'突破自我 tūpò zìwǒ'는 '자신의 한계를 돌파하다, 자기 자신을 뛰어넘다'는 뜻으로 자기계발, 동기부여 문구에 자주 등장하는 표현이에요.

问题的答案
都在当下行动的每一步里。

Wèntí de dá'àn
dōu zài dāngxià xíngdòng de měi yí bù li.

문제의 해답은
지금 이 순간의 행동, 그 한 걸음 한 걸음 속에 있다.

words)
问题 wèntí 문제 / 答案 dá'àn 답 / 当下 dāngxià 즉각, 바로 / 在zài … 里li ~안에 있다

问题的答案
都在当下行动的每一步里。

◆ 流利 point ◆

머릿속 생각만으론 아무것도 바뀌지 않아요. 답은 늘 당장의 행동 안에 있어요. '행동이 말보다 낫다.' 즉 '行动胜于语言。 Xíngdòng shèngyú yǔyán.'이라고 해요.

不会做小事的人,
也做不出大事来。

Búhuì zuò xiǎoshì de rén,
yě zuò bu chū dàshì lái.

작은 일을 할 줄 모르는 사람은 큰일도 해낼 수 없다.

words)

不会 búhuì ~할 수 없다 / 做不出(来) zuò bu chū(lái) 하지 못하다

不会做小事的人,
也做不出大事来。

♦ 流利 point ♦

아무리 큰 목표나 거창한 일을 이루려고 해도, 그 기본이 되는 작은 일들을 소홀히 하거나 제대로 처리하지 못하면 결국 큰일도 성공적으로 해낼 수 없다는 뜻을 지닌 문장이에요.

'做得出(来) 해낼 수 있다 / 做不出(来) 해낼 수 없다' 즉 가능/불가능을 나타내는 구문이에요.

不求与人相比,
但求超越自己。

Bù qiú yǔ rén xiāngbǐ,
dàn qiú chāoyuè zìjǐ.

타인과 비교할 것이 아니라,
자기 자신을 뛰어넘기를 바라라.

words)
求 qiú 추구하다, 바라다 / 与yǔ A 相比xiāngbǐ A와 비교해서 / 超越 chāoyuè 뛰어넘다

不求与人相比，
但求超越自己。

♦ 流利 point ♦

진짜 경쟁자는 언제나 '어제의 나'라는 말이 기억나요! 매일매일 어제보다 나은 삶을 살아간다면 내일은 더 많이 성장해 있지 않을까요?

要么混日子等老,
要么拼命赢未来。

Yàome hùn rìzi děng lǎo,
yàome pīnmìng yíng wèilái.

그럭저럭 살며 그냥 늙어가든가,
악착같이 살아남든가.

words)
要么 yàome ~하거나 / 混日子 hùn rìzi 그럭저럭 나날을 보내다 /
拼命 pīnmìng 필사적으로 하다 / 赢 yíng 이기다, 이익을 보다 / 未来 wèilái 미래

要么混日子等老,
要么拼命赢未来。

流利 point

단순히 생존의 문제를 넘어, 삶을 대하는 태도와 의지의 중요성을 일깨워 주는 문장이에요. '要么 A 要么 B A하거나 B하거나'는 양자택일에 자주 쓰는 구문이에요.

예 要么我去，要么你来。 내가 가든가 네가 오든가.

年　月　日

觉得自己做得到和做不到，
其实只在一念之间。

Juéde zìjǐ zuò de dào hé zuò bu dào,
qíshí zhǐ zài yíniàn zhījiān.

어떤 일을 할 수 있을지 할 수 없을지는
사실 생각하기에 따라 달라진다.

words)

做得到 zuò de dào 할 수 있다 / 做得到 zuò bu dào 할 수 없다 /
一念之间 yíniàn zhījiān 생각하기 나름이다

觉得自己做得到和做不到，
其实只在一念之间。

♦ 流利 point ♦

'一念之间'은 '한 순간의 생각', '생각하기 나름'이라는 뜻으로 평소 정말 많이 쓰는 문구예요. '一念之间'이 들어가는 다른 명언도 하나 소개할게요.

例 人生的成败，就在一念之间。 인생에서 성공과 실패는 생각 차이일 뿐이다.

成熟不是懂得更多,
而是能容不同。

Chéngshú búshì dǒng de gèng duō,
érshì néng róng bùtóng.

많이 안다고 더 성숙한 게 아니다.
다름을 받아들일 수 있어야 진짜 성숙한 것이다.

words)

成熟 chéngshú 성숙 / 懂 dǒng 알다 / 不是búshì A 而是érshì B A가 아니라 B이다 /
容 róng 받아들이다 / 不同 bùtóng 다르다

成熟不是懂得更多，
而是能容不同。

◆ 流利 point ◆

다름을 인정하는 것은 정말 어려운 것 같아요. '다름을 인정하다'는 즉 행복, 성숙, 배려, 소통 등과도 상통하지요. 서로 '서로 존중하는 것 彼此尊重 bǐcǐ zūnzhòng'이 중요하다고 봅니다.

不要害怕尝试新事物,
因为只有跳出舒适圈,
你才能发现自己有多强大。

Búyào hàipà chángshì xīn shìwù,
yīnwèi zhǐyǒu tiàochū shūshìquān,
nǐ cái néng fāxiàn zìjǐ yǒu duō qiángdà.

새로운 것을 시도하는 걸 두려워하지 마.
익숙함에서 벗어나면 그 너머에 더 강한 네가 있어.

words)

害怕 hàipà 무서워하다 / 尝试 chángshì 시험(해 보다) / 新事物 xīn shìwù 새로운 것 /
跳出 tiàochū 벗어나다 / 舒适圈 shūshìquān 편안한 환경, 편안한 사람들 /
强大 qiángdà 강하다

不要害怕尝试新事物,
因为只有跳出舒适圈,
你才能发现自己有多强大。

◆ 流利 point ◆

용기와 도전의 메시지를 담고 있는 문구예요. '舒适圈'은 편안한 환경과 편안한 사람들의 무리를 가리키는 말인데요, '안전지대'라고도 할 수 있어요.

例 走出舒适圈来吧。 안전지대에서 나와.

年　月　日

真正的力量来源于内心的坚定和勇气。
你比想象中更强大!

Zhēnzhèng de lìliàng láiyuán yú nèixīn de jiāndìng hé yǒngqì.
Nǐ bǐ xiǎngxiàng zhōng gèng qiángdà!

진정한 힘은 마음 속의 단단한 믿음과 용기에서 나와요.
당신은 본인 생각보다 더 강하답니다!

words

真正 zhēnzhèng 진정한 / 力量 lìliàng 힘 / 来源于 láiyuán yú ~에서 오다 /
坚定 jiāndìng 확고하다 / 勇气 yǒngqì 용기 / 比想象中 bǐ xiǎngxiàng zhōng 생각보다 /
强大 qiángdà 강하다

真正的力量来源于内心的坚定和勇气。
你比想象中更强大！

流利 point

内 자신을 믿어 주는 것, 가장 큰 힘은 외부에서가 아닌 안에서 오는 것이지요. 중국어로 '真正的力量不来自于外界，来自于内心。진정한 힘은 외부에서가 아닌 내 안에서 온다.'라고 해요.

年　月　日

每一次挑战，都是成长的机会！
勇敢地迈出第一步，
你就离成功更近了一步。

Měi yí cì tiǎozhàn, dōu shì chéngzhǎng de jīhuì!
Yǒnggǎn de màichū dì yī bù,
nǐ jiù lí chénggōng gèng jìn le yí bù.

모든 도전은 성장의 기회야!
첫걸음을 내딛는 용기, 그게 성공에 한 걸음 더 다가가는 거야.

words

挑战 tiǎozhàn 도전하다 / 成长 chéngzhǎng 성장 / 勇敢 yǒnggǎn 용감하다 /
迈出 màichū 내딛다 / 第一步 dì yī bù 첫걸음 / 离 lí ~로부터

每一次挑战，都是成长的机会！
勇敢地迈出第一步，
你就离成功更近了一步。

♦ 流利 point ♦

성공은 거창한 목표가 아닌 지금 내딛는 첫걸음에서 시작돼요. 도전하는 마음,
그 자체가 이미 큰 성장입니다. 멈추지 말고, 한 걸음 한 걸음 앞으로 나아가세요.

Chapter 06 勇气

073 趁着年轻,不要怕多吃一些苦。
这些逆境与磨炼,才会让你真正学会谦恭。

074 做错事情了,要有勇于承认错误的勇气。

075 其实什么时候开始都不晚。

076 今后一定会遇到很多困难,但我想去试一试!

077 我们必须学会在绝境中不断突破自我,这样才会成长。

078 问题的答案都在当下行动的每一步里。

079 不会做小事的人,也做不出大事来。

080 不求与人相比,但求超越自己。

081 要么混日子等老,要么拼命赢未来。

082 觉得自己做得到和做不到,其实只在一念之间。

083 成熟不是懂得更多,而是能容不同。

084 不要害怕尝试新事物,因为只有跳出舒适圈,
你才能发现自己有多强大。

085 真正的力量来源于内心的坚定和勇气。你比想象中更强大!

086 每一次挑战,都是成长的机会!
勇敢地迈出第一步,你就离成功更近了一步。

Chapter 07

관계

관계를 어려워하는 사람들을 위한
지혜로운 대처법을 알려주는 힐링 글귀들

处理好与人的关系要记住三句话:
"看人长处,帮人难处,记人好处。"

Chǔlǐ hǎo yǔ rén de guānxi yào jìzhù sān jù huà:
"kàn rén chángchù, bāng rén nánchù, jì rén hǎochù."

누군가와 좋은 관계를 맺기 위해서는 세 가지를 기억해라.
"상대방의 장점을 볼 것",
"상대방의 어려움을 도울 것",
"상대방의 은혜를 기억할 것."

words

处理 chǔlǐ 처리하다 / 长处 chángchù 장점 / 难处 nánchù 고충 / 好处 hǎochù 좋은 점

处理好与人的关系要记住三句话:
"看人长处,帮人难处,记人好处。"

● 流利 point ●

사람과 사람 사이에 결국 남는 것은 기억, 배려, 인정이라고 해요. 인간관계가 힘들 때마다 이 세 가지 원칙을 한번 떠올려 보세요!

和你不一样，不代表就是错的。
尊重每个人的节奏和选择，
是一种成熟。

Hé nǐ bù yíyàng, bú dàibiǎo jiù shì cuò de.
Zūnzhòng měi ge rén de jiézòu hé xuǎnzé,
shì yìzhǒng chéngshú.

너와 다르다고 해서 틀린 건 아니야.
각자의 속도와 선택을 존중하는 게 성숙한 거야.

words
代表 dàibiǎo 대표하다 / 尊重 zūnzhòng 존중하다 / 节奏 jiézòu 박자, 리듬 /
选择 xuǎnzé 선택하다 / 成熟 chéngshú 성숙

和你不一样，不代表就是错的。
尊重每个人的节奏和选择，
是一种成熟。

流利 point

'节奏'는 '박자, 리듬' 외에 '삶의 템포, 속도감'을 표현할 때 자주 써요. 특히 바쁘게 살아가는 현대인의 모습을 표현할 때에도 '生活节奏很快。'라고 표현해요. 알아 두시면 드라마, 회화에서도 정말 유용할 거예요.

在别人背后，只说他的好话。
如果你找不到什么好话说，
那你就保持沉默。

Zài biérén bèihòu, zhǐ shuō tā de hǎohuà.
Rúguǒ nǐ zhǎo bu dào shénme hǎohuà shuō,
nà nǐ jiù bǎochí chénmò.

다른 사람에 대해 뒤에서 말할 때는 좋은 점만 말하세요.
좋은 말을 찾지 못했다면, 그냥 침묵을 유지하세요.

words

别人 biérén 다른 사람 / 好话 hǎohuà 좋은 말 / 如果rúguǒ A 就jiù B 만약 A라면 B한다 /
保持 bǎochí 지키다 / 沉默 chénmò 침묵

在别人背后，只说他的好话。
如果你找不到什么好话说，
那你就保持沉默。

♦ 流利 point ♦

이 말은 단순한 예의를 넘어, 개인의 성숙함과 관계의 질을 높이는 데 깊은 영향을 미칠 수 있는 문장이에요. 내용 중 '保持沉默 bǎochí chénmò 침묵을 지키다'는 인간관계 뿐 아니라 다양한 상황에서 자주 쓸 수 있는 표현이에요.

我们都应该去学会表达自己的情绪。
因为真诚的沟通,
是建立良好关系的第一步。

Wǒmen dōu yīnggāi qù xuéhuì biǎodá zìjǐ de qíngxù.
Yīnwèi zhēnchéng de gōutōng,
shì jiànlì liánghǎo guānxi de dì yī bù.

우린 모두 자신의 감정을 표현하는 법을 배워야 해요.
왜냐하면 진심 어린 소통은 좋은 관계를 만드는 첫걸음이거든요.

words)

应该 yīnggāi ~해야 한다 / 学会 xuéhuì 배우다 / 情绪 qíngxù 기분 /
真诚 zhēnchéng 진실하다 / 沟通 gōutōng 소통 / 建立 jiànlì 맺다 / 良好 liánghǎo 좋다

我们都应该去学会表达自己的情绪。
因为真诚的沟通，
是建立良好关系的第一步。

◆ 流利 point ◆

자신의 감정을 건강하게 표현하는 것은 자신을 존중하고 이해하는 중요한 과정이며, 이를 통해 우리는 타인과 진심으로 소통하고 더욱 풍요롭고 건강한 관계를 만들어 갈 수 있어요.

'表达情绪 biǎodá qíngxù 감정을 표현하다'는 인간관계에서 정말 중요해서 자주 쓰는 말이에요.

예 学会健康地表达情绪。 건강하게 감정을 표현하는 법을 배우다.

年　月　日

人性最大的善良，
是懂得"换位思考"。

Rénxìng zuì dà de shànliáng,
shì dǒngde "huànwèi sīkǎo".

사람으로서 가장 큰 배려는
상대의 입장에서 생각해 보는 것이다.

words)
人性 rénxìng 인간성 / 善良 shànliáng 착하다 / 懂得 dǒngde 알다, 이해하다 /
换位思考 huànwèi sīkǎo 입장을 바꿔 생각하다

人性最大的善良,
是懂得"换位思考"。

♦ 流利 point ♦

'换位思考'는 제가 정말 좋아하는 말이자 중국인들도 자주 쓰는 말이에요.
여기에 하나 더 추가! 참고로 HSK 지문에도 이 성어가 나왔습니다 :)
'将心比心 jiāngxīn bǐxīn' 즉 '자기 마음으로 남의 마음을 헤아리다, 처지를 바꾸어 생각하다'의 뜻이에요.

边界感是对彼此最好的尊重。

Biānjiègǎn shì duì bǐcǐ zuì hǎo de zūnzhòng.

최고의 배려는 서로 간의 적당한 선이다.

words)
边界感 biānjiègǎn 사람과 사람 사이의 지켜야 할 선, 적당한 선 / 彼此 bǐcǐ 서로 /
尊重 zūnzhòng 존중

边界感是对彼此最好的尊重。

• 流利 point •

'边界感'이라는 단어는 최근 어느 중국 드라마에서 나왔어요. '적당한 선'이란 뜻으로 중국에서도 상대방을 존중하고 스스로를 지키는 중요한 개념이에요. 친할수록 경계를 잘 지키는 것이 좋은 관계 유지에 큰 도움이 된답니다.

多一点善意，世界会更温柔。
帮助别人，其实也是成就自己。

Duō yìdiǎn shànyì, shìjiè huì gèng wēnróu.
Bāngzhù biérén, qíshí yě shì chéngjiù zìjǐ.

조금 더 베풀면 세상은 더 따뜻해지지.
남을 돕는 건 사실 자기를 성장시키는 것과 같아.

words⟩
善意 shànyì 선의 / 温柔 wēnróu 따뜻하다 / 帮助 bāngzhù 돕다 / 别人 biérén 타인 /
成就 chéngjiù 성취하다

多一点善意，世界会更温柔。
帮助别人，其实也是成就自己。

◆ 流利 point ◆

베풀 줄 아는 마음. 결국 내 안의 여유와 성장까지 만들어 주죠. 이와 비슷한 속담이 하나 있어요. '장미를 주면 내 손에도 그 향기가 남는다.' 즉 '남에게 베풀면 내게도 좋은 영향이 돌아온다.'는 뜻이요. 중국어로 '赠人玫瑰，手有余香。Zèng rén méiguī, shǒu yǒu yúxiāng.'이라고 해요.

越有本事的人，越懂得低调和谦逊。
谦逊不是软弱，而是一种智慧。

Yuè yǒu běnshì de rén, yuè dǒngde dīdiào hé qiānxùn.
Qiānxùn búshì ruǎnruò, érshì yìzhǒng zhìhuì.

진짜 실력 있는 사람일수록 더 겸손하지.
겸손은 약함이 아니라 깊은 지혜인 거야.

words)

越yuè A 越yuè B A할수록 B하다 / 本事 běnshì 능력 / 低调 dīdiào 낮은 톤 /
谦逊 qiānxùn 겸손하다 / 软弱 ruǎnruò 약하다 / 智慧 zhìhuì 지혜

越有本事的人，越懂得低调和谦逊。
谦逊不是软弱，而是一种智慧。

● 流利 point ●

겸손과 관련한 아주 유명한 성어 하나 소개할게요. '교만하면 손해를 부르고, 겸손하면 이익을 얻는다.' 중국어로는 '满招损，谦受益。Mǎn zhāo sǔn, qiān shòu yì.'라고 해요.

年　月　日

不要在意别人在背后怎么看你说你，
因为这些语言改变不了事实，
却可能搅乱你的心。

Búyào zàiyì biérén zài bèihòu zěnme kàn nǐ shuō nǐ,
yīnwèi zhèxiē yǔyán gǎibiàn bu liǎo shìshí,
què kěnéng jiǎoluàn nǐ de xīn.

다른 사람이 뒤에서 너를 어떻게 보고 말하는지에 대해 신경 쓰지 마라.
진실을 바꿀 수 없는 그 말들은 당신의 마음만 흔들어 놓을 뿐이다.

words

在意 zàiyì 마음에 두다 / 背后 bèihòu 뒤에서 / 改变不了 gǎibiàn bu liǎo 바꿀 수 없다 /
事实 shìshí 사실 / 却 què 오히려 / 搅乱 jiǎoluàn 뒤흔들어 어지럽히다

不要在意别人在背后怎么看你说你,
因为这些语言改变不了事实,
却可能搅乱你的心。

流利 point

'在意'는 '마음에 두다, 신경 쓰다, 개의하다'의 뜻으로 회화에서 정말 많이 써요. 특히 "별로 신경 안 써.", "나는 그거 신경 써."처럼 감정을 표현할 때 자연스럽게 쓰여요.

예 我不在意别人怎么说。 난 다른 사람들이 뭐라고 말하든 신경 안 써.

年　月　日

我们对自己,
对他人的不完美都应该再宽容一些。

Wǒmen duì zìjǐ,
duì tārén de bù wánměi dōu yīnggāi zài kuānróng yìxiē.

나 자신 그리고 타인에게 완벽하지 않아도
우리 좀 더 서로 안아 주고 품어 줘요.

words)
完美 wánměi 완벽하다 / 宽容 kuānróng 너그럽게 받아들이다

我们对自己，
对他人的不完美都应该再宽容一些。

流利 point

'完美'와 '宽容'은 인간관계에 자주 쓰고 중요한 단어예요!
例 追求完美 zhuīqiú wánměi 완벽을 쫓다 /
宽容别人 kuānróng biérén 타인을 너그럽게 받아들이다

比起缺点，多想优点。
要有善于发现美的眼睛。

Bǐqǐ quēdiǎn, duōxiǎng yōudiǎn.
Yào yǒu shànyú fāxiàn měi de yǎnjing.

단점보다 장점을 더 생각하자.
흠보다는 좋은 것을 보는 눈을 갖자.

words)
比起 bǐqǐ ~보다 / 缺点 quēdiǎn 단점 / 优点 yōudiǎn 장점 / 善于 shànyú ~를 잘하다

比起缺点，多想优点。
要有善于发现美的眼睛。

• 流利 point •

긍정적인 사고방식과 건강한 관계를 위한 매우 중요한 태도를 담고 있는 문장이라 골랐어요. 이런 태도는 우리 삶을 더욱 풍요롭고 의미 있게 만들어 줄 거라고 믿습니다. '善于'는 '~을 잘하다, ~에 능하다'는 뜻이에요. 매우 자주 쓰는 형식이지요.

예 他很善于沟通。그는 소통을 정말 잘해요.

每件事都不必太在意,
更不必去强求,
就让一切顺其自然。

Měi jiàn shì dōu búbì tài zàiyì,
gèng búbì qù qiǎngqiú,
jiù ràng yíqiè shùnqí zìrán.

매사를 너무 마음에 담거나 애쓰지 마세요.
그저 모든 것을 자연스럽게 흘러가게 두세요.

words)
不必 búbì ~할 필요가 없다 / 在意 zàiyì 마음에 두다 / 强求 qiǎngqiú 억지로 요구하다 /
一切 yíqiè 모든 것 / 顺其自然 shùnqí zìrán 순리에 따르다

每件事都不必太在意，
更不必去强求，
就让一切顺其自然。

◆ 流利 point ◆

제가 정말 좋아하는 관용 표현이에요! '顺其自然 shùnqí zìrán'은 '내려놓고 자연스럽게 순리대로 흘러가게 두다'는 뜻이죠.

예 顺其自然吧。 될대로 되라지. 순리에 맡겨. 그냥 냅둬.

活在别人嘴里，
你只会被口水淹死。

Huózài biérén zuǐ lǐ,
nǐ zhǐ huì bèi kǒushuǐ yānsǐ.

다른 사람의 말에 휘둘리며 살다 보면
그 말들에 빠져 죽을 수밖에 없다.

words)
活 huó 살다 / 别人 biérén 타인 / 会 huì ~할 것이다 / 淹死 yānsǐ 물에 빠져 죽다

活在别人嘴里,
你只会被口水淹死。

• 流利 point •

외부의 평가나 시선에 지나치게 의존할 때 발생할 수 있는 위험성을 극명하게 보여 주는 문장이에요.

문장 속 '活在huózài A 里li'는 'A 속에서 살다'는 뜻이에요. 심리적인 상황이나 상태를 말할 때 자주 써요.

例 活在过去的人 과거 속에서 사는 사람

正能量的人让人感觉舒服，
负能量的人让你闹心。

Zhèngnéngliàng de rén ràng rén gǎnjué shūfu,
fùnéngliàng de rén ràng nǐ nàoxīn.

긍정 에너지가 넘치는 사람은 편안하게 만들어 주지만,
매사에 부정적인 사람은 타인을 힘들게 한다.

words)
正能量 zhèngnéngliàng 긍정 에너지 / 让ràng A B A를 B하게 하다 /
感觉 gǎnjué ~라고 느끼다 / 舒服 shūfu 편안하다 /
负能量 fùnéngliàng 부정(적인) 에너지 / 闹心 nàoxīn 마음을 괴롭히다

正能量的人让人感觉舒服,
负能量的人让你闹心。

◆ 流利 point ◆

'正能量' 개인적으로 가장 좋아하는 단어예요! :) 분위기, 태도, 말투, 가치관 등을 말할 때 정말 자주 볼 수 있는 단어지요.

例 想成为正能量满满的人。 긍정 에너지가 가득한 사람이 되고 싶어.

Chapter 07 人际关系

087 处理好与人的关系要记住三句话:
"看人长处,帮人难处,记人好处。"

088 和你不一样,不代表就是错的。
尊重每个人的节奏和选择,是一种成熟。

089 在别人背后,只说他的好话。
如果你找不到什么好话说,那你就保持沉默。

090 我们都应该去学会表达自己的情绪。
因为真诚的沟通,是建立良好关系的第一步。

091 人性最大的善良,是懂得"换位思考"。

092 边界感是对彼此最好的尊重。

093 多一点善意,世界会更温柔。帮助别人,其实也是成就自己。

094 越有本事的人,越懂得低调和谦逊。
谦逊不是软弱,而是一种智慧。

095 不要在意别人在背后怎么看你说你,
因为这些语言改变不了事实,却可能搅乱你的心。

096 我们对自己,对他人的不完美都应该再宽容一些。

097 比起缺点,多想优点。要有善于发现美的眼睛。

098 每件事都不必太在意,更不必去强求,就让一切顺其自然。

099 活在别人嘴里,你只会被口水淹死。

100 正能量的人让人感觉舒服,负能量的人让你闹心。